KB203595

清涼國師華嚴經疏鈔

청량국사화엄경소초 45

— 도솔천궁계찬품 —

청량징관 찬술 · 관허수진 현토역주

운주사

서언

천이백 년 침묵의 역사를 깨고

오늘도 나는 여전히 거제만을 바라본다.
겹겹이 조종하는 산들
산자락 사이 실가닥 저잣길을 지나 낙동강의 시린 눈빛
그 너머 미동도 없는 평온의 물결 저 거제만을 바라본다.
십오 년 전 그날 아침을 그리며 말이다.
나는 2006년 1월 10일 은해사 운부암을 다녀왔다.
그리고 그날 밤 열한 시 대적광전에서 평소에 꿈꾸어 왔던 『청량국사 화엄경소초』 완역의 무장무애를 지심으로 발원하고 번역에 착수하였다.
나의 가냘픈 지혜와 미약한 지견으로 부처님의 비단과도 같은 화장세계에 청량국사의 화려하게 수놓은 소초의 꽃을 피워내는 긴 여정을 시작한 것이다.
화엄은 바다였고 수미산이었다.
그 바다에는 부처님의 용이 살고 있었고
그 산에는 부처님의 코끼리가 노닐고 있었다.
예쁘게 단장한 청량국사 소초의 꽃잎에는 부처님의 생명이 태동하고 있었고,
겁외의 연꽃 밭에는 영원히 지지 않는 일승의 꽃이 향기를 뿜어내고

있었다.
그 바다 그 산 그리고 그 꽃밭에서 10년 7개월(구체적으로는 2006년 1월 10일부터 2016년 8월 1일까지) 동안 자유롭게 노닐었다.
때로는 산 넘고 강 건너 협곡을 지나고
때로는 은하수 별빛 따라 오작교도 다니었다.
삼경 오경의 그 영롱한 밤
숨쉬기조차 미안한 고요의 숭고함
그 시공은 영원한 나의 역경의 놀이터였다.

애시당초 이 작업은 세계 인문학의 자존심
내가 살아 숨쉬는 이 나라 대한민국 그리고 불교의 자존심에 기인한 것이다.
일찍이 그 누가 이 청량국사의 『화엄경소초』를 완역하였다면 나는 이 작업을 하지 않았을 것이다.
지금도 여전히 완역자는 없다.
더욱이 이 『청량국사화엄경소초』의 유일한 안내자 인악스님의 『잡화기』와 연담스님의 『유망기』도 그 누가 번역한 사실이 없다.
그러나 내 손안에 있는 두 분의 『사기』는 모두 다 번역하여 주석으로 정리하였다.

이 청량국사 화엄경의 소는 초를 판독하지 않으면 알 수가 없다.
그래서 그 이름을 구체적으로 대방광불화엄경수소연의초大方廣佛華嚴經隨疏演義鈔라 한 것이다.

즉 대방광불화엄경의 소문을 따라 그 뜻을 강연한 초안의 글이라는 것이다.
청량국사는 『화엄경』의 소문을 4년(혹은 5년) 쓰시되 2년차부터는 소문과 초문을 함께 써서 완성하시고 5년차부터 8년 동안 초문을 쓰셨다.
따라서 그 소문의 양은 초문에 비하면 겨우 삼분의 일에 지나지 않는다 할 것이다.

나는 1976년 해인사 강원에서 처음 『청량국사화엄경소초 현담』 여덟 권을 독파하였고,
1981년부터 3년간 금산사 화엄학림에서 『청량국사화엄경소초』를 독파하였다.
그때 이미 현토와 역주까지 최초 번역의 도면을 완성하였고,
당시에 아쉽게 독파하지 못한 십정품에서 입법계품까지의 소초는 1984년 이후 수선 안거시절 해제 때마다 독파하여 모두 정리하였다.

그러나 번역의 기연이 맞지 않아 미루다가 해인사 강주시절 잠시 번역에 착수하였으나 역시 기연이 맞지 않아 미루었다.
그리고 드디어 2006년 1월 10일 번역에 착수하여 2016년 8월 1일 십만 매 원고로 완역 탈고하고, 2020년 봄날 시공을 초월한 사상초유 『청량국사화엄경소초』가 1,200년 침묵의 역사를 깨고 이 세상에 처음 눈을 뜨게 된 것이다.

번역의 순서는 먼저 입법계품의 소초, 다음에는 세주묘엄품 소초에서 이세간품 소초까지, 마지막으로 소초 현담을 번역하였다.
번역의 형식은 직역으로 한 글자도 빠뜨리지 않고 번역하였다. 따라서 어색하게 느껴지는 곳도 있을 것이다.
예를 들면 소所 자를 "바"라 하고, 지之 자를 지시대명사로 "이것, 저것"이라 하고, 이而 자를 "그러나"로 번역한 등이 그렇다.
판본은 징광사로부터 태동한 영각사본을 뿌리로 하였고, 대만에서 나온 본과 인악스님의 『잡화기』와 연담스님의 『유망기』와 또 다른 사기 『잡화부』(잡화부는 검자권부터 광자권까지 8권만 있다)를 대조하여 번역하였다.

앞에서 이미 말한 것처럼, 그 누가 청량국사의 『화엄경소초』를 완역한 적이 있었다면 나는 이 번역에 착수하지 않았을 것이다. 지금까지 이 황금보옥黃金寶玉의 『청량국사화엄경소초』가 번역되지 아니한 것은 나에게 주어진 시대적 사명이고 역사적 명령이라 생각한다.
나는 이 『청량국사화엄경소초』의 완역으로 불조의 은혜를 갚고 청량국사와 은사이신 문성노사 그리고 나를 낳아준 부모의 은혜를 일분 갚는다 여길 것이다.

끝으로 이 『청량국사화엄경소초』가 1,200년의 시간을 지나 이 세상에 눈뜨기까지 나와 인연한 모든 사람들 그리고 영산거사 가족과 김시열 거사님께 원력의 보살이라 찬언讚言하며, 나의 미약한 번역으로 선지자의 안목을 의심케 할까 염려한다.

마지막 희망이 있다면 이 『청량국사화엄경소초』의 완역 출판으로 청량국사에 대한 더욱 깊고 넓은 연구와 『화엄경』에 대한 더욱 다양한 연구가 이루어지기를 바라는 것뿐이다.

장세토록 구안자의 자비와 질책을 기다리며 고개 들어 다시 저 멀리 거제만을 바라본다.

여전히 변함없는 저 거제만을.

2016년 8월 1일 절필시에 게송을 그리며

長廣大說無一字 장광대설무일자
無碍眞理亦無義 무애진리역무의
能所兩詮雙忘時 능소양전쌍망시
劫外一經常放光 겁외일경상방광

화엄경의 장대한 광장설에는 한 글자도 없고
화엄경의 걸림없는 진리에는 또한 한 뜻도 없다.
능전의 문자와 소전의 뜻을 함께 잊은 때에
시공을 초월한 경전 하나 영원히 광명을 놓누나.

불기 2568년 음력 1월 10일 최초 완역장
승학산 해인정사 관허 수진

● 화엄경소초현담華嚴經疏鈔玄談(1~8)

● 화엄경소초華嚴經疏鈔

1. 세주묘엄품世主妙嚴品
2. 여래현상품如來現相品
3. 보현삼매품普賢三昧品
4. 세계성취품世界成就品
5. 화장세계품華藏世界品
6. 비로자나품毘盧遮那品
7. 여래명호품如來名號品
8. 사성제품四聖諦品
9. 광명각품光明覺品
10. 보살문명품菩薩問明品
11. 정행품淨行品
12. 현수품賢首品
13. 승수미산정품昇須彌山頂品
14. 수미정상게찬품須彌頂上偈讚品
15. 십주품十住品
16. 범행품梵行品
17. 초발심공덕품初發心功德品
18. 명법품明法品

19. 승야마천궁품昇夜摩天宮品

20. 야마천궁게찬품夜摩天宮偈讚品

21. 십행품十行品

22. 십무진장품十無盡藏品

23. 승도솔천궁품昇兜率天宮品

24. 도솔천궁게찬품兜率天宮偈讚品

25. 십회향품十廻向品

26. 십지품十地品

27. 십정품十定品

28. 십통품十通品

29. 십인품十忍品

30. 아승지품阿僧祇品

31. 여래수량품如來壽量品

32. 보살주처품菩薩住處品

33. 불부사의법품佛不思議法品

34. 여래십신상해품如來十身相海品

35. 여래수호광명공덕품如來隨好光明功德品

36. 보현행품普賢行品

37. 여래출현품如來出現品

38. 이세간품離世間品

39. 입법계품入法界品

영인본 7책 致字卷之三

대방광불화엄경수소연의초 제이십삼권의 일권
大方廣佛華嚴經隨疏演義鈔 第二十三卷之一卷

우진국 삼장사문 실차난타 번역
청량산 대화엄사 사문 징관 찬술
대한민국 조계종 사문 수진 현토역주

도솔천궁게찬품 제이십사권

兜率天宮偈讚品 第二十四卷

疏

初來意者는 前明化主赴感하고 今明助化讚揚하며 及顯位體所依일새 故次來也니라

처음에 이 품이 여기에 온 뜻은 앞에서는 교화하는 주인(化主)이 가서 감응함을 밝혔고, 지금에는 교화를 돕는 보살(助化)이 찬양함을 밝히며, 그리고 지위 자체의 의지할 바를 나타내기에 그런 까닭으로 다음에 이 품이 여기에 온 것이다.

疏

二에 釋名者는 謂十方菩薩이 於此宮中에 讚佛實德일새 故受斯名이라 通二種釋은 如第三會하니라

두 번째 이름을 해석한 것은 말하자면 시방에 보살이 이 궁전 가운데서 부처님의 진실한 공덕을 찬탄하기에 그런 까닭으로 이 게찬품이라는 이름을 받은 것이다.

두 가지 해석을 통석한 것은[1] 제삼회에서 말한 것과 같다.

疏

三에 宗趣者는 集衆과 放光과 偈讚으로 爲宗하고 爲說迴向으로 爲趣하니라

세 번째 종취는 모인 대중과 광명을 놓은 것과 게송으로 찬탄한 것으로 종을 삼고,
회향을 설하는 것으로 취를 삼는 것이다.

1 두 가지 해석을 통석한 것이라 운운한 것은 제삼회 가운데 의주석과 그리고 유재석의 두 가지 해석이 있었나니 도솔천궁중의 게찬품은 의주석이고, 도솔천 궁중에 게찬품은 유재석이다. 이것은 사기私記의 해석이다. 그러나 두 가지 해석에 통한다고 한 것은 첫 번째는 회의 이름을 잡아 해석한 것이고 두 번째는 품의 이름을 잡아 해석한 것이다. 영인본 화엄 5책, p.425, 말행末行에 이미 설출하였다.

經

爾時에 佛神力故로

그때에 부처님의 위신력인 까닭으로

疏

四에 釋文에 亦三이니 初는 集衆이요 二는 放光이요 三은 偈讚이라
初中二니 先은 明集因이니 謂佛神力이라

네 번째 경문을 해석함에 또한 세 가지가 있나니
처음에는 모인 대중이요
두 번째는 광명을 놓는 것이요
세 번째는 게송으로 찬탄한 것이다.
처음 모인 대중 가운데 두 가지가 있나니
먼저는 모이는 원인을 밝힌 것이니,
말하자면 부처님의 위신력이다.

經

十方에 各有一大菩薩하야

시방에 각각 한 사람의 큰 보살이 있어서

疏

二에 十方下는 衆集이라 於中文二니 先은 明此會요 後에 如此世界下는 結通이라 今初에 長分十段하리니 一은 總擧上首라

두 번째 시방이라고 한 아래는 대중이 모인 것이다.
그 가운데 경문이 두 가지가 있나니
먼저는 이 회를 밝힌 것이요
뒤에 이 세계와 같다고[2] 한 아래는 시방의 도솔천을 맺어 통석한 것이다.
지금은 처음으로 크게 십단으로 나누리니
첫 번째는 한꺼번에 상수보살을 거론한 것이다.

---

2 원문에 여차세계如此世界 운운은 영인본 화엄 7책, p.385, 3행에 있다.

經

一一各與萬佛刹에 微塵數諸菩薩俱하야

낱낱이 각각 일만 부처님의 국토에 작은 티끌 수만치 많은 보살로 더불어 함께

疏

二는 眷屬數라

두 번째는 권속보살의 숫자이다.

經

從萬佛刹微塵數國土外에 諸世界中으로 來詣佛所하니

일만 부처님의 국토에 작은 티끌 수만치 많은 국토 밖에 모든 세계 가운데로 좇아 와서 부처님의 처소에 나아가니

疏

三은 來處遠近이니 位增數增일새 故各一萬이라

세 번째는 온 곳이 멀고 가까운 것이니,
지위가 증승함에 세계의 숫자도 증승하기에 그런 까닭으로 각각 일만이라 한 것이다.

經

其名曰金剛幢菩薩과 堅固幢菩薩과 勇猛幢菩薩과 光明幢菩薩과 智幢菩薩과 寶幢菩薩과 精進幢菩薩과 離垢幢菩薩과 星宿幢菩薩과 法幢菩薩이요

그 이름을 말하자면 금강당보살과 견고당보살과
용맹당보살과 광명당보살과
지당보살과 보당보살과
정진당보살과 이구당보살과
성수당보살과 법당보살이요

疏

四는 主菩薩名이라 同名幢者는 略有五義하니 一은 高出義니 表三賢位極故요 二는 建立義니 大悲大智로 建立衆生과 及菩提故요 三은 歸向義니 謂大悲攝生하고 智願攝善하야 歸向菩提와 及實際故요 四는 摧殄義니 如猛將幢하야 降伏一切諸魔軍故요 五는 滅怖畏義니 如帝釋幢하야 不怖惑業故라 異名은 卽表十向行體니 至偈當明하리라

네 번째는 주主 보살의 이름이다.
다 같이 당幢이라고 이름한 것은 간략하게 다섯 가지 뜻이 있나니
첫 번째는 높이 뛰어난 뜻이니,

삼현의 지위가 지극함을 표한 까닭이요
두 번째는 건립하는 뜻이니,
큰 자비와 큰 지혜로 중생과 그리고 보리를 건립하는 까닭이요
세 번째는 돌아가는 뜻이니,
말하자면 대비로 중생을 섭수하고 지혜와 서원으로 선법을 섭수하여
보리와 그리고 실제에 돌아가는 까닭이요
네 번째는 꺾어 없애는[3] 뜻이니,
용맹한 장수의 당기와 같아서 일체 모든 마군을 항복받는 까닭이요
다섯 번째는 두려움을 소멸하는 뜻이니,
제석천왕의 당기와 같아서 혹업惑業을 두려워하지 않는 까닭이다.
이름이 다른 것은 곧 십회향의 행 자체를 표한 것이니,
게송에 이르러 마땅히 밝히겠다.

鈔

幢者略有五義者는 刊定有七거늘 今略其二니라 言一高出이요 二建立下는 施幢旛中에 皆有其文하니 一에 高出者는 亦云高顯이니 顯卽顯現이며 亦出義也니라 下經云호대 願一切衆生으로 建高顯幢하야 然智慧燈하야 普照世間이라하니라 二에 建立者는 下經云호대 願一切衆生으로 立堅固幢하야 悉能摧殄一切魔業이라하니라 刊定七中에 一은 堅固義요 二는 滅恐怖義요 三은 歸向義요 四는 建立義요 五는 高顯義요 六은 摧殄義요 七은 不爲他壞義라하니 今以堅固가 卽不爲

3 원문에 殄은 '멸할 진' 자이다.

他壞니라 準上引經인댄 卽建立中攝이요 又他不壞는 在滅恐怖中攝이라 涅槃三十一云호대 修戒定慧가 如帝釋幢하야 不移轉故라하니 故略其二니 謂不爲他壞와 及堅固義니라 三에 歸向義者는 列衆中에 有如燈幢하야 爲衆所歸니라 四에 摧殄者는 七十八云호대 菩提心者는 如猛將幢하야 降伏一切諸魔軍故라하니라 五에 滅怖者는 智論二十四에 明修八念하야 能除恐怖니 八念者는 於六念上에 更加息死라 於念三寶中에 引經證云호대 佛告諸比丘하사대 釋提桓因이 與阿修羅鬪코자하야 在大陣中時에 告諸天衆호대 汝與阿修羅鬪時에 設有恐怖라도 當念我七寶幢하면 恐怖卽滅하고 若不念我幢이라도 當念伊舍那天子(帝釋左面天王)寶幢하면 恐怖卽除하고 若不念伊舍那寶幢이라도 當念婆樓那天子(帝釋右面天王)寶幢하면 恐怖卽除라하니 以是故知幢이 爲滅怖畏義리라

당幢이라고 이름한 것은 간략하게 다섯 가지 뜻이 있다고 한 것은 『간정기』에는 일곱 가지 뜻이 있거늘 지금에 그 두 가지는 생략하였다.

첫 번째는 높이 뛰어난 뜻이요 두 번째는 건립하는 뜻이라고 한 아래는 당기와 번기를 시설하는 가운데 다 그 경문이 있나니
첫 번째 높이 뛰어난 뜻이라고 한 것은 또한 높이 나타났다고도 말하나니,
나타났다고 한 것은 곧 밝게 나타났다는 것이며
또한 뛰어났다는 뜻이다.

아래 경에[4] 말하기를 원컨대 일체중생으로 높이 나타난 당기를 건립하여 지혜의 등불을 태워 널리 세간을 비출 것이다 하였다.
두 번째 건립하는 뜻이라고 한 것은 아래 경에 말하기를 원컨대 일체중생으로 견고한 당기를 건립하여 다 능히 일체 마군의 업을 꺾어 없앨 것이다 하였다.
『간정기』의 일곱 가지 뜻 가운데 첫 번째는 견고한 뜻이요
두 번째는 두려움을 소멸하는 뜻이요
세 번째는 돌아가는 뜻이요
네 번째는 건립하는 뜻이요
다섯 번째는 높이 나타나는 뜻이요
여섯 번째는 꺾어 없애는 뜻이요
일곱 번째는 다른 것이 무너뜨릴 수 없는 뜻이다 하였으니,
지금에 견고한 뜻이 곧 다른 것이 무너뜨릴 수 없는 뜻이다 한 것이다.
위에 인용한 경문을 기준한다면 곧 견고한 뜻은 건립하는 뜻 가운데 섭수되어 있고, 또 다른 것이 무너뜨릴 수 없다고 한 것은 두려움을 소멸하는 뜻 가운데 섭수되어 있다.
『열반경』 삼십일권에 말하기를 계율과 선정과 지혜를 닦는 것이 제석천왕의 당기와 같아서 이전하지 않는 까닭이다 하였으니 그런 까닭으로 그 두 가지를 생략한 것이니 말하자면 다른 것이 무너뜨릴 수 없는 뜻과 그리고 견고한 뜻이다.

---

4 원문 經 자 아래 北藏에는 云 자가 있다.

세 번째 돌아가는 뜻이라고 한 것은 열거한 대중 가운데[5] 등당燈幢보살과 같은 이가 있어 대중이 돌아갈 바가 되는 것이다.
네 번째 꺾어 없앤다고 한 것은 『화엄경』 칠십팔권에 말하기를 보리심이라고 한 것은 용맹한 장수의 당기와 같아서 일체 모든 마군을 항복받는 까닭이다 하였다.
다섯 번째 두려움을 소멸한다고 한 것은 『지도론』 이십사권에 여덟 가지 생각[6]을 닦아 능히 두려움을 제멸하는 것을 밝힌 것이니, 여덟 가지 생각이라고 한 것은 여섯 가지 생각 위에 다시 출입식出入息의 생각과 죽음(死)[7]의 생각을 더하는 것이다.
삼보를 생각하는 가운데 경전을 인용하여 증거하여 말하기를 부처님께서 모든 비구에게 말씀하시기를 석제 환인이 아수라로 더불어 싸우려고 큰 진중陳中에 있을 때에 모든 천중天衆에게 말하기를 그대들이 아수라로 더불어 싸울 때에 설사 두려움이 있을지라도 마땅히 나의 칠보 당기를 생각한다면 두려움이 곧 사라지고, 만약 나의 칠보 당기를 생각하지 못했을지라도 마땅히 이사나 천자(제석천왕의 좌측 천왕)의 보배 당기를 생각한다면 두려움이 곧 사라지고,

---

5 원문에 열중중列衆中이란, 마후라摩睺羅 가운데 이 이름이 있으되 등당燈幢으로 귀향歸向의 뜻을 삼았다.

6 원문에 팔념八念은 염불念佛, 염법念法, 염승念僧, 염계念戒, 염사念捨, 염천念天, 염출입식念出入息, 염사念死이다.

7 원문에 식사息死는 息은 곧 鼻中의 出息과 入息이요, 死는 自死와 他死의 두 가지가 있나니, 『大明法數』 31권, 23장 下에 있다. 살펴보라. 『잡화기』의 말이다. 『智論』 21권에는 念出入息이라 하고 念死라 하였다.

만약 이사나 천자의 보배 당기를 생각하지 못했을지라도 마땅히 바루나 천자(제석천왕의 우측 천왕)의 보배 당기를 생각한다면 두려움이 곧 사라질 것이다 하였으니,

이런 까닭으로 당기가 두려움을 없애는 뜻이 되는 줄 알아야 할 것이다.

經

所從來國은 謂妙寶世界와 妙樂世界와 妙銀世界와 妙金世界와 妙摩尼世界와 妙金剛世界와 妙波頭摩世界와 妙優鉢羅世界와 妙栴檀世界와 妙香世界요

좇아온 바 국토는 말하자면 묘보세계와 묘락세계와
묘은세계와 묘금세계와
묘마니세계와 묘금강세계와
묘파두마세계와 묘우발라세계와
묘전단세계와 묘향세계요

疏

五는 所從來刹이니 皆稱妙者는 迴向之力으로 微善이 彌於法界故라 其別名은 卽表十向의 所修法門이니 一은 救護衆生호대 離衆生相이 最可貴故요 二는 得不壞信이 常樂因故요 三은 等佛白淨故요 四는 如金이 遍至諸色像故요 五는 出用無盡이 如摩尼故요 六은 善根堅固가 如金剛故요 七은 隨順衆生호대 不染塵故요 八은 眞如之因이 如水生華하야 最爲勝故요 九는 如白栴檀하야 能去熱惱之縛著故요 十은 如彼香氣가 能普周故니라 故下文에 慈氏座前에 燒一丸香하면 彌滿法界라하니 卽其事也니라

다섯 번째는 좇아온 바 세계이니,

다 묘妙라고 이름한 것은 회향의 힘으로 미묘한 선법이 법계에 가득한 까닭이다.

그 세계의 이름이 다른 것은 곧 십회향의 닦을 바 법문을 표한 것이니

첫 번째는 중생을 구호하지만 중생의 모습을 떠나는 것이 가장 가히 존귀한 까닭이요

두 번째는 무너지지 않는 믿음을 얻는 것이 항상 즐거움의 원인인 까닭이요

세 번째는 부처님의 순백하고 맑은 법과 같은 까닭이요

네 번째는 황금이 모든 색상에 두루 이르는 것과 같은 까닭이요

다섯 번째는 작용을 내는 것이 끝이 없는 것이 마니주와 같은 까닭이요

여섯 번째는 선근이 견고한 것이 금강과 같은 까닭이요

일곱 번째는 중생을 수순하지만 육진에 물들지 않는[8] 것이요

여덟 번째는 진여의 원인이 물에서 연꽃이 생기하는 것과 같아서 가장 수승한 까닭이요

아홉 번째는 백전단향과 같아서 능히 열뇌의 결박과 집착을 보내는 까닭이요

열 번째는 저 향기가 능히 널리 두루한 것과 같은 까닭이다.

---

8 원문에 불염진不染塵이라고 한 것은 파두마波頭摩가 여기 말로는 적연화赤蓮花이니, 고故로 불염진不染塵이라 하는 것이다.

그런 까닭으로 아래 경문에 미륵의 자리 앞에서 한 가닥 향을 사르면 법계에 가득히 넘쳐난다 하였으니 곧 그 사실이다.

鈔

慈氏座前等者는 卽六十七經에 優鉢羅華長者의 經云호대 善男子야 兜率天中에 有香하니 名先陀婆라 於一生所繫菩薩座前에 燒其一丸하면 興大香雲하야 遍覆法界하야 普雨一切諸供養具하야 供養一切諸佛菩薩이라하니 是也니라

미륵의 자리 앞이라고 한 등은 곧 『화엄경』 육십칠경에 우발라화장자의 경문에 말하기를 선남자야, 도솔천 가운데 향이 있으니 이름이 선타바이다.
일생소계보살[9]의 자리 앞에서 그 한 가닥 향을 사르면 큰 향기 구름을 일으켜 법계를 두루 덮어 널리 일체 모든 공양구를 비 내려 일체 모든 부처님과 보살에게 공양한다 하였으니 이 사실이다.

9 일생소계보살一生所繫菩薩이라고 한 것은 등각보살等覺菩薩의 지위 가운데 계류(머물다)되어 중생衆生을 교화하고 찬탄하다가 묘각妙覺의 지위에 나아가 세주世主가 되는 보살로서 등각보살을 말한다. 즉 일생소계보살一生所繫菩薩은 등각보살等覺菩薩이다.

經

各於佛所에 淨修梵行하니 所謂無盡幢佛과 風幢佛과 解脫幢佛과 威儀幢佛과 明相幢佛과 常幢佛과 最勝幢佛과 自在幢佛과 梵幢佛과 觀察幢佛이니라

각각 부처님의 처소에서 범행을 청정하게 수행하였으니,
말하자면 무진당불과 풍당불과
해탈당불과 위의당불과
명상당불과 상당불과
최승당불과 자재당불과
범당불과 관찰당불입니다.

疏

六은 本所事佛이니 同名幢義는 不異菩薩이라 別名은 卽表修十向智며 亦表當位之果니 謂一은 救護之心이 不可盡故로 成無盡佛이요 二는 如空中風하야 不住不壞故요 三은 等佛解脫故요 四는 四威儀中에 無不至故요 五는 明了功德相故요 六은 常能隨順善根故요 七은 隨順衆生善이 最勝故요 八은 同於眞如하야 得自在故요 九는 淨無垢染하야 不縛著故요 十은 觀察이 卽是入法界故니라

여섯 번째는 본래 섬긴 바 부처님이니
다 같이 당이라고 이름한 뜻은 보살을 다 당이라고 한 것과 다르지

않다.

이름이 다른 것은[10] 곧 십회향의 지혜를 닦는 것을 표한 것이며 또한 당위當位의 결과를 표한 것이니,

말하자면 첫 번째는 구호하는 마음이 가히 다할 수 없는 까닭으로 무진불을 이루는 것이요

두 번째는 허공 가운데 바람과 같아서 머물지도 않고 무너지지도 않는 까닭이요

세 번째는 부처님의 해탈과 같은 까닭이요

네 번째는 네 가지 위의 가운데 이르지 아니함이 없는 까닭이요

다섯 번째는 공덕의 모습을 분명하게 아는 까닭이요

여섯 번째는 항상 능히 선근을 수순하는 까닭이요

일곱 번째는 중생의 선근을 수순하는 것이 가장 수승한 까닭이요

여덟 번째는 진여와 같아서 자재함을 얻는 까닭이요

아홉 번째는 청정하여 때도 더러움도 없어서 결박되지도 집착하지도 않는 까닭이요

열 번째는 관찰하는 것이 곧 법계에 들어가는 까닭이다.

---

10 원문에 별명別名 운운은 위에 영인본 화엄 7책, p.377, 7행에 이명異名은 즉표십향행체卽表十向行體라 한 것을 상대하여 말한 것으로, 십향체十向體와 십향지十向智를 구분한 것이다.

經

其諸菩薩이 至佛所已에 頂禮佛足하고

그 모든 보살이 부처님의 처소에 이른 이후에 부처님의 발에 정례하고

疏

七에 其諸已下는 至已修敬이라

일곱 번째 그 모든 보살이라고 한 이하는 이른 이후에 공경을 짓는[11] 것이다.

---

11 원문에 修 자는 여기서는 作 자의 뜻이다.

經

以佛神力으로 卽化作妙寶藏의 師子之座호대 寶網彌覆하야 周匝遍滿케하며 諸菩薩衆이 隨所來方하야 各於其上에 結跏趺坐하야

부처님의 위신력으로써 곧 묘한 보배 창고 사자의 자리를 변화하여 만들되 보배 그물로 가득 덮어 두루 돌아 변만케 하였으며 모든 보살 대중이 좇아온 바 방소를 따라 각각 그 위에 결가부좌하여

疏

八에 以佛神力下는 善住威儀라 座體云妙寶者는 十住는 以慧光遍照故로 以毘盧遮那藏으로 爲體하고 十行은 以行淨離垢故로 以蓮華藏으로 爲體하고 今十向은 大悲로 處於生死하야 普該萬法하야 不拘乎一일새 故座體直云妙寶라하야 不限色類하니라 以教行遍周하야 籠攝衆生할새 加以寶網으로 彌覆其上하니라

여덟 번째 부처님의 위신력이라고 한 아래는 선주비구의 위의이다. 자리 자체를 묘한 보배라고 말한 것은 십주는 지혜의 광명이 두루 비치는 까닭으로 비로자나 창고로써 자체를 삼고, 십행은 행이 청정하여 때를 떠난 까닭으로 연꽃 창고[12]로써 자체를 삼고, 지금에 십회향은 대비로 생사에 거처하여 널리 만행을 갖추어 하나에 구애

되지 않기에 그런 까닭으로 자리 자체를 바로 묘보라고 말하여 색류에 한정하지 아니하였다.

교敎와 행行으로써 두루하여 중생을 싸서[13] 섭수하기에 보배 그물로써 그 위를 가득 덮었다고 한 것을 더하였다.

12 원문에 연화장蓮華藏은 야마천궁게찬품夜摩天宮偈讚品을 안찰按察하니 마니장사자지좌摩尼藏師子之座라 하였다.

13 원문에 籠 자는 '쌀 롱' 자(넣어서 싼다는 뜻이다)이다.

經

其身에 悉放百千億那由他阿僧祇清淨光明하니 此無量光이 皆從菩薩의 清淨心寶가 離衆過惡한 大願所起라 顯示一切諸佛의 自在清淨之法하며 以諸菩薩의 平等願力으로 能普救護一切衆生하나니 一切世間之所樂見으로 見者不虛하야 悉得調伏하니라

그 몸에 다 백천억 나유타 아승지의 청정한 광명을 놓으니
이 한량없는 광명이 다 보살의 청정한 마음의 보배가 수많은 과오를 떠난 큰 서원으로 좇아 생기한 바입니다.
일체 모든 부처님의 자재하고 청정한 법을 현시하며
모든 보살의 평등한 원력으로 능히 널리 일체중생을 구호하나니
일체 세간이 보기 좋아하는 바로 보는 사람은 헛되지 아니하여 다 조복함을 얻었습니다.

疏

九에 其身悉放下는 放光利物이라 此位는 多辨悲智救物일새 故復辨此니 於中初는 光體요 次에 此無量下는 辨光因이니 卽圓淨迴向心이요 後에 顯示下는 略示光業이니 一은 智敬上業이요 二는 悲救下業이라

아홉 번째 그 몸에 다 광명을 놓았다고 한 아래는 광명을 놓아 중생을 이익케 한 것이다.

이 지위는 다분히 자비와 지혜로 중생을 구호함을 분별하기에 그런 까닭으로 다시 이것을 분별한 것이니,

그 가운데 처음에는 광명의 자체요

다음에 이 한량없는 광명이라고 한 아래는 광명의 원인을 분별한 것이니

곧 원만하고 청정한 회향의 마음이요

뒤에 현시하였다고 한 아래는 광명의 업용을 간략하게 현시한 것이니

첫 번째는 지혜로 위에 부처님을 공경하는 업용[14]이요

두 번째는 자비로 아래 중생을 구호하는 업용[15]이다.

14 원문에 지경상업智敬上業이라고 한 것은 경문에 현시일체顯示一切 운운이다.

15 원문에 비구하업悲救下業이라고 한 것은 경문에 이제보살以諸菩薩 운운이다.

經

其菩薩衆이 悉已成就無量功德하니 所謂遍遊一切諸佛國土호대 無所障礙하며 見無依止한 淸淨法身하며 以智慧身으로 現無量身하야 遍往十方하야 承事諸佛하며 入於諸佛의 無量無邊不可思議自在之法하며 住於無量一切智門하야 以智光明으로 善了諸法하며 於諸法中에 得無所畏하야 隨所演說이나 窮未來際토록 辯才無盡하며 以大智慧로 開總持門하며 慧眼淸淨하야 入深法界하며 智慧境界가 無有邊際하며 究竟淸淨이 猶若虛空하니라

그 보살대중이 다 이미 한량없는 공덕을 성취하였으니,
말하자면 일체 모든 부처님의 국토에 두루 노닐되 장애하는 바가 없으며
의지함이 없는 청정한 법신을 보며
지혜의 몸으로써 한량없는 몸을 나타내어 시방에 두루 가서 모든 부처님을 받들어 섬기며
모든 부처님의 한량도 없고 끝도 없고 가히 사의할 수도 없는 자재한 법에 들어가며
한량없는 일체 지혜의 문에 머물러 지혜의 광명으로써 모든 법을 잘 요달하며
모든 법 가운데 두려워하는 바가 없음을 얻어 연설하는 바를 따르지만 미래의 끝이 다하도록 변재가 다함이 없으며

큰 지혜로써 총지문을 열며
지혜의 눈이 청정하여 깊은 법계에 들어가며
지혜의 경계가 끝이 없으며
구경에 청정한 것이 비유하자면 허공과 같습니다.

疏

十에 其菩薩衆下는 略讚勝德이라 有十一句하니 初總餘別이라 別中十門이니 一은 神通門이요 二는 入證門이요 三에 以智下는 依智修福이요 四에 入於下는 上入果用이요 五에 住於下는 住善決擇이요 六에 於諸下는 四辨無盡이요 七은 智開總持요 八은 慧眼見性이요 九는 智慧遍知요 十은 究竟離障이라

열 번째 그 보살대중이라고 한 아래는 수승한 공덕을 간략하게 찬탄한 것이다.
열한 구절이 있나니
처음 구절은 총구요
나머지 구절은 별구이다.

별구 가운데 십문이 있나니
첫 번째는 신통문이요
두 번째는 입증문入證門이요
세 번째 지혜의 몸이라고 한 아래는 지혜를 의지하여 복을 닦는

것이요

네 번째 들어간다고 한 아래는 위로 불과佛果의 작용에 들어가는 것이요

다섯 번째 한량없는 지혜의 문에 머문다고 한 아래는 지혜에 머물러[16] 잘 결택하는[17] 것이요

여섯 번째 모든 법이라고 한 아래는 네 가지 변재가 다함이 없는 것이요

일곱 번째는 지혜로 총지를 여는 것이요

여덟 번째는 지혜의 눈으로 자성을 보는 것이요

아홉 번째는 지혜로 두루 아는 것이요

열 번째는 구경에 장애를 떠난 것이다.

---

16 원문에 주住란, 住一切智門也니 즉 경문에 일체 지혜의 문에 머문다 한 것이다.

17 원문에 선결택善決擇이란, 善了諸法也니 즉 경문에 모든 법을 잘 요달한다 한 것이다.

經

如此世界의 兜率天宮에 諸菩薩衆이 如是來集인달하야 十方一切兜率天宮에도 悉有如是名號菩薩이 而來集會하니 所從來國과 諸佛名號도 亦皆同等하야 無有差別하니라

이 세계의 도솔천궁에 모든 보살대중이 이와 같이 와서 모인 것과 같이 시방의 일체 도솔천궁에도 다 이와 같은 이름을 가진 보살이 와서 모이니 좇아온 바 국토와 모든 부처님의 이름도 또한 다 같아서 차별이 없었습니다.

疏

結通可知라

시방을 맺어 통석한 것은 가히 알 수가 있을 것이다.

經

爾時世尊이 **從兩膝輪**하사

그때에 세존이 두 무릎을 좇아

疏

第二에 爾時世尊下는 放光이라 文分四別하리니 一은 放光處니 言膝輪者는 位漸高故며 又表迴因向果等이 有屈申과 進趣之相故며 又悲智相導하야 屈申無住故니라

제 두 번째 그때에 세존이라고 한 아래는 광명을 놓는 것이다.
경문을 네 가지로 다르게 나누리니
첫 번째는 광명을 놓는 처소이니
무릎이라고 말한 것은 지위가 점점 높아지는 까닭이며
또 회향의 원인과 회향의 결과 등이 굴신屈申과 진취進趣의 모습이 있음을 표한 까닭이며
또 자비와 지혜가 서로 인도하여 굴신함에 머물지 않는[18] 까닭이다.

---

18 원문에 무주無住라고 한 것은 大悲故로 不住涅槃이요 大智故로 不住生死니 즉 큰 자비가 있는 까닭으로 열반에 머물지 않고, 큰 지혜가 있는 까닭으로 생사에 머물지 않는다는 것이다.

經

放百千億那由他光明하야

백천억 나유타 광명을 놓아

疏

二에 放百千下는 光數라

두 번째 백천억 광명을 놓는다고 한 아래는 광명의 숫자이다.

經

普照十方盡法界와 虛空界와 一切世界하니

널리 시방의 모든 법계와 허공계와 일체 세계를 비추니

疏

三에 普照下는 光照分齊라

세 번째 널리 비춘다고 한 아래는 광명이 비추는 분제分齊이다.

經

彼諸菩薩이 皆見於此佛神變相하며 此諸菩薩도 亦見於彼一切如來의 神變之相하니라

저 모든 보살이 다 이 부처님의 신통변화의 모습을 보며
이 모든 보살도 또한 저 일체 여래의 신통변화의 모습을 봅니다.

疏

四에 彼諸下는 光所作業이니 謂令彼此로 互相見故니라 於中分三하리니 初는 正明彼此相見이요 二에 如是下는 釋見所由요 三에 如是等下는 結德所屬이라

네 번째 저 모든 보살이라고 한 아래는 광명으로 지은 바 업용이니, 말하자면 저 보살과 이 보살로 하여금 서로서로 보게 하는 까닭이다.
그 가운데 세 가지로 나누리니
처음에는 저 보살과 이 보살이 서로 보는 것을 바로 밝힌 것이요
두 번째 이와 같은 보살이라고 한 아래는 보는 이유를 해석한 것이요
세 번째 이와 같은 등 백천억이라고[19] 한 아래는 공덕의 소속을 맺는 것이다.

---

19 세 번째 이와 같은 등 백천억이라고 한 것은 영인본 화엄 7책, p.390, 말행末行이다.

經

如是菩薩이 皆與毘盧遮那如來로 於往昔時에 同種善根하고 修菩薩行하야

이와 같은 보살[20]이 다 비로자나여래로 더불어 지나간 옛날 시절에 함께 선근을 심고 보살행을 닦아

疏

二中에 由二因故見이니 一은 宿因同行故니라

두 번째 보는 이유 가운데 두 가지 원인을 인유한 까닭으로 보는 것이니
첫 번째는 숙세에 함께 수행함[21]을 인유한 까닭이다.

---

20 이와 같은 보살이라고 한 것은 이 보살과 저 보살을 모두 거론한 것이다. 그러나 또한 저 비로자나 부처님으로 더불어 함께 숙세에 선근의 인연을 심었다고 한 것은 비로자나가 이 설주임을 말한 것이 아닌 까닭이다. 이상은 『잡화기』의 말이다. 즉 보살이 설주가 됨을 말하고 있다 하겠다.

21 원문에 동행同行이라고 한 것은 同은 經文에 同種善根이고, 行은 經文에 修菩薩行이다. 즉 동이란 경문에 함께 선근을 심었다 한 것이고, 행이란 경문에 보살행을 닦았다 한 것이다.

經

悉已悟入諸佛自在甚深解脫하야 得無差別法界之身하며 入一切土나 而無所住하야 見無量佛하고 悉往承事하며 於一念中에 周行法界를 自在無礙나 心意淸淨호미 如無價寶하며 無量無數諸佛如來가 常加護念하사 共與其力하야 到於究竟의 第一彼岸하며 恒以淨念으로 住無上覺하야 念念恒入一切智處하며 以小入大하고 以大入小하대 皆得自在하야 通達無礙하고 已得佛身하야 與佛同住하며 獲一切智하고 從一切智하야 而生其身하며 一切如來의 所行之處에 悉能隨入하야 開闡無量智慧法門하며 到金剛幢의 大智彼岸하야 獲金剛定하야 斷諸疑惑하며 已得諸佛의 自在神通하야 普於一切十方國土에 敎化調伏百千萬億無數衆生하고도 於一切數에 雖無所著이나 善能修學하고 成就究竟하야 方便으로 安立一切諸法하니라

다 이미 모든 부처님의 자재한 깊고도 깊은 해탈에 깨달아 들어가 차별이 없는 법계의 몸을 얻었으며
일체 국토에 들어가지만 머무는 바가 없이 한량없는 부처님을 친견하고 다 가서 받들어 섬겼으며
한 생각 가운데 법계에 두루 가는 것을 자재로 걸림이 없이 하지만 마음이 청정한 것이 값으로 따질 수 없는 보배와 같았으며
한량도 없고 수도 없는 모든 부처님 여래가 항상 가피하고 호념하여 함께 그 힘을 주어 구경에 제일가는 피안에 이르게 하였으며

항상 청정한 생각으로 더 이상 없는 깨달음에 머물러 생각 생각에 항상 일체 지혜의 처소에 들어갔으며
작은 것으로 큰 것에 들게 하고 큰 것으로 작은 것에 들게 하지만 다 자재함을 얻어 통달하여 걸림이 없고 이미 부처님의 몸을 얻어 부처님으로 더불어 함께 머물렀으며
일체 지혜를 얻고 일체 지혜를 좇아 그 몸을 생기하였으며
일체 여래가 행하신 바 처소에 다 능히 따라 들어가 한량없는 지혜의 법문을 열었으며
금강의 당기 큰 지혜의 피안에 이르러 금강삼매를 얻어 모든 의혹을 끊었으며
이미 모든 부처님의 자재한 신통을 얻어 널리 일체 시방의 국토에서 백천만억 수없는 중생을 교화하여 조복하고도 일체 교화한 중생의 수에 비록 집착하는 바가 없지만 잘 능히[22] 수학하고 성취하고 구경究竟까지 하여 방편으로 일체 모든 법을 안립하였습니다.

疏

二에 悉已下는 現德圓滿故라 文有二十句나 束爲十對하리라 一은 離障成身對요 二는 入刹近佛對요 三은 用速心淨對요 四는 外護內證對요 五는 能覺所覺對니 謂一切智處가 是所覺故라 六은 用廣證深對니 身卽智身이니 同住法界와 及大悲故라 七은 得智生

22 원문에 수무소착雖無所著은 진제眞諦이고, 선능善能下는 속제俗諦이다.

身對니 身卽應身이라 八은 行深解廣對요 九는 智極定深對니 此位中顯名호대 金剛幢은 對金剛定이니 卽菩提智라 十은 得通立法對니 由得通故로 調化無數하고 由離數故로 而能安立이라 數有二種하니 一은 數量數요 二는 色心有爲가 皆名爲數니라 今文具二니 謂由不著一多하야 能立一切故며 不著於有하야 能安立故니라 卽眞俗鎔融이니 謂世俗幻有之相은 相本自空이요 勝義眞空之理는 理常自有니라 有是空有일새 非常有니 斯有가 未曾不空이요 空是有空일새 非斷空이니 此空이 何嘗不有리요 有空空有가 體一名殊니 名殊故로 眞俗互乖나 迢然不雜하고 體一故로 空有相順이나 冥然不二니라 一與不一이 不卽不離하야 鎔融無礙하니 菩薩이 智契其源일새 所以로 雖逈絶無寄나 而善修安立이라

두 번째 다 이미라고 한 아래는 공덕이 원만함을 나타낸 까닭이다. 경문에 스무 구절이 있지만 묶어서 십대十對로 하겠다.
첫 번째는 장애를 떠나는 것과 법계의 몸을 이루는 것을 상대한 것이요
두 번째는 국토에 들어가는 것과 부처님을 친근하는 것을 상대한 것이요
세 번째는 작용이 빠른[23] 것과 마음이 청정한 것을 상대한 것이요
네 번째는 밖으로 호념하고 안으로 증득하는 것을 상대한 것이요
다섯 번째는 능각과 소각을 상대한 것이니,

23 원문에 용속用速이란, 경문에 일념一念이다.

말하자면 일체 지혜의 처소가 이 소각인 까닭이다.
여섯 번째는 작용이 넓은 것과 증득함이 깊은 것을 상대한 것이니, 부처님의 몸이라고 한 것은 지혜의 몸이니 법계와 그리고 대비에 함께 머무는 까닭이다.
일곱 번째는 지혜를 얻는 것과 몸을 생기하는 것을 상대한 것이니, 몸이라고 한 것은 곧 응신이다.
여덟 번째는 행이 깊은 것과 해解가 넓은 것을 상대한 것이요
아홉 번째는 지혜가 지극한 것과 삼매가 깊은 것을 상대한 것이니, 이 지위 가운데 이름을 나타내되 금강의 당기라고 한 것은 금강삼매를 상대한 것이니 곧 보리지智이다.
열 번째는 신통을 얻는 것과 법을 세우는 것을 상대한 것이니, 신통을 얻음을 인유한 까닭으로 조복하여 교화하는 것이 수없이 많고, 교화한 수를 떠남을 인유한 까닭으로 능히 모든 법을 안립하는 것이다.
숫자(數)에 두 가지 뜻이 있나니
첫 번째는 수량의 숫자요
두 번째는 색과 심의 유위법이 다 이름이 숫자(數)가 되는 것이다.
지금 경문에는 두 가지를 다 갖추었으니,
말하자면 하나와 많음에 집착하지 아니함을 인유하여 능히 일체를 안립하는 까닭이며
유有에 집착하지 아니함을 인유하여 능히 안립하는 까닭이다.
곧 진제와 속제가 녹아내려 융합하나니,
말하자면 세속의 환상으로 있는 모습은 그 모습이 본래 스스로

공한 것이요

승의勝義의 진실로 공한 이치는 그 이치가 항상 스스로 있는 것이다. 있는 것은 이 공을 의지하여 있는 것이기에 영원히 있는 것이 아니니, 이 있는 것이 일찍이 공이 아닌 것이 아니요

공한 것은 이 있는 것을 의지하여 공한 것이기에 단멸의 공이 아니니, 이 공이 어찌 일찍이 있는 것이 아니겠는가.

있는 것을 의지하여 공한 것과 공한 것을 의지하여 있는 것이 자체는 하나이지만 이름은 다르나니,

이름이 다른 까닭으로 진제와 속제가 서로 어기지만 소연히 섞이지 않고 자체가 하나인 까닭으로 공한 것과 있는 것이 서로 따르지만 명연히 둘이 아니다.

하나와 더불어 하나가 아닌 것이 즉하지도 않고 떠나지도 아니하여 녹아내려 융합하여 걸림이 없나니,

보살이 지혜가 그 근원에 계합하였기에 그런 까닭으로 비록 멀리까지 끊어 의지함이 없지만 잘 수행하여 안립하는 것이다.

鈔

一에 離障成身對等者는 以文易故로 疏不指經거니와 今當指之리라 二에 入一切土下는 入刹近佛對요 三은 於一念下가 是요 四는 無量無數下가 是요 五는 恒以淨念下가 是요 六은 以小入大下가 是요 七은 獲一切智下가 是요 八은 一切如來下가 是요 九는 到金剛下가 是요 十은 已得諸佛自在神通下가 是니라 由離數下는 釋立法이라 謂世俗

下는 別示眞俗鎔融之相이니 相從緣生일새 擧體卽空이요 理非斷滅일새 故常自有니라 然有三意하니 此上은 第一에 當體以明이요 二에 有是空有下는 明二諦交徹成一이니 卽有是空이요 卽空是有니라 三에 有空空有下는 結成鎔融이니 卽仁王云호대 於諦엔 常自二라하고 於解엔 常自一이라하니 通達此無二하면 眞入第一義也라하니라 從菩薩智契下는 結成能立이라

첫 번째 장애를 떠나는 것과 법계의 몸을 이루는 것을 상대한다고 한 등[24]은 경문이 쉬운 까닭으로 소문에서는 경문을 가리키지 아니하였거니와 지금에 마땅히 그 경문을 가리키겠다.
두 번째 일체 국토에 들어간다고 한 아래는 국토에 들어가는 것과 부처님을 친근[25]하는 것을 상대한 것이요
세 번째 상대는 한 생각 가운데라고 한 아래가 이것[26]이요
네 번째 상대는 한량도 없고 수도 없다고 한 아래가 이것이요
다섯 번째 상대는 항상 청정한 생각이라고 한 아래가 이것이요
여섯 번째 상대는 작은 것으로 큰 것에 들게 한다[27]고 한 아래가

24 원문 對 자 아래 等 자가 있어야 하기에 보증하여 번역하였다.

25 원문 입찰入刹 아래에 소문疏文엔 근불近佛 두 글자가 더 있다. 따라서 보충하여 번역하였다.

26 원문에 시是란, 용속심정대用速心淨對라는 것이니, 此下에 是 자도 다 소문疏文에 상대하여 배속한 것을 말한다.

27 원문에 이대입소以大入小라고 한 것은 경문에 이소입대以小入大라 하였으니 경문經文대로 번역한다. 『잡화기』는 대소大小라는 글자가 앞뒤로 바뀌었거나 혹은 경본經本이 다른가 염려하는 까닭이라 하였다.

이것이요
일곱 번째 상대는 일체 지혜를 얻는다고 한 아래가 이것이요
여덟 번째 상대는 일체 여래라고 한 아래가 이것이요
아홉 번째 상대는 금강의 당기 큰 지혜의 피안에 이른다고 한 아래가 이것이요
열 번째 상대는 이 모든 부처님의 자재한 신통을 얻는다고 한 아래가 이것이다.

교화한 수를 떠나지 아니함을 인유하였다고 한 아래는 안립하는 법을 해석한 것이다.
말하자면 세속이라고 한 아래는 진제와 속제가 녹아내려 융합한 모습을 따로 보인 것이니,
모습이라고 하는 것은 인연으로 좇아 생기하기에 전체가 곧 공이요
이치는 단멸이 아니기에 그런 까닭으로 항상 스스로 있는 것이다.
그러나 세 가지 뜻이 있나니
이 위[28]에는 첫 번째 당체로써 밝힌 것이요
두 번째 있는 것은 이 공을 의지하여 있는 것이라고 한 아래는 진속이제가 서로 사무쳐 하나를 이루는 것을 밝힌 것이니,
곧 있는 것이 이 공이요 곧 공이 이 있는 것이다.
세 번째 있는 것을 의지하여 공한 것과 공한 것을 의지하여 있는

28 원문에 此上이란, 소문으로는 위세속환유지상謂世俗幻有之相 운운 이하이고 초문鈔文으로는 즉 此上에 謂世俗下는 別示 운운 이하이다.

것이라고 한 아래[29]는 녹아내려 융합함을 맺어 성립한 것이니, 곧 『인왕경』에 말하기를 진리를 말함에는 항상 스스로 둘이라 하고 해석함에는 항상 스스로 하나라 하니, 이것이 둘이 없는 줄 통달한다면 진실로 제일의제에 들어갈 것이다 하였다.

보살이 지혜가 그 근원에 계합하였다고 한 것으로 좇아 아래는 능히 안립하는 것을 맺어 성립한 것이다.

---

29 원문 有 자 아래 下 자가 있어야 한다. 따라서 보증하여 번역하였다.

經

如是等百千億那由他不可說無盡淸淨한 三世一切無量功德藏인 諸菩薩衆이 皆來集會하야 在於佛所하니 因光所見의 一切佛所에도 悉亦如是하니라

이와 같은 등 백천억 나유타 가히 말할 수 없고 다할 수 없는 청정한 삼세에 일체 한량없는 공덕의 창고인 모든 보살대중이 다 와서 모여 부처님의 처소에[30] 있으니 광명을 인하여 보는 바[31] 일체 부처님의 처소에도 다 또한 이와 같았습니다.

疏

三은 結德所屬이니 謂無盡德이 屬於此會菩薩과 及光中所見也라

세 번째는 공덕의 소속을 맺는 것이니,
말하자면 끝없는 공덕이 이 회의 보살과 그리고 광명 가운데 보는 바에 속하는 것이다.

---

30 원문에 불소佛所 운운은 『잡화기』에 불소佛所"한이와" 불소佛所"한이도"(다음 줄) 토라고 하였으니 나는 불소"하니" 불소"에도" 토로 번역하였다.

31 원문에 인광소견因光所見이란, 즉 저 모든 보살菩薩이다고 『잡화기』는 말한다.

經

爾時에 金剛幢菩薩이 承佛神力하야 普觀十方하고 而說頌言호대

그때에 금강당보살이 부처님의 위신력을 받아 널리 시방을 관찰하고 게송을 설하여 말하기를

疏

第三은 偈讚中에 十菩薩을 卽爲十段하고 亦十方如次하리라 皆先은 標說人과 及說儀式이라 今初에 東方金剛幢者는 此是會主라 名含總別하니 總은 顯迴向이 不出悲智라 金剛者는 堅利也니 卽悲之智를 二乘實際가 不能壞는 堅也요 斷難斷惑은 利也니 故云智慧로 到彼岸이라하니라 卽智之悲를 愛見不能動은 堅也요 無所不救는 利也니 故文中에 遍剎利生이라하니라

제 세 번째는 게송으로 찬탄하는 가운데 열 보살을 곧 십단으로 하고 또한 시방도 차례와 같이 십단으로 하겠다.
다 먼저는 설하는 사람과 그리고 설하는 의식을 표한 것이다.
지금은 처음으로 동방에 금강당은 이 회주이다.
이름이 총명과 별명을 포함하고 있나니
총명[32]은 회향이 자비와 지혜를 벗어나지 아니함을 나타낸 것이다.

32 원문에 총總은 총명總名이다.

금강이라고 한 것은 견고하고 예리하다는 것이니
자비에 즉한 지혜를 이승의 실제實際가 능히 무너뜨릴 수 없는 것은 견고한 것이요
끊기 어려운 번뇌를 끊는 것은 예리한 것이니,
그런 까닭으로 말하기를 지혜로 피안에 이른다[33] 하였다.
지혜에 즉한 자비를 애견愛見이 능히 움직일 수 없는 것은 견고한 것이요
구하지 못하는 바가 없는 것은 이익케 하는 것이니,
그런 까닭으로 경문 가운데 일체 세계에 두루하여 중생을 이익케 한다[34] 하였다.

鈔

卽悲下는 雙出悲智하야 爲金剛義니라

자비에 즉한 지혜라고 한 아래는 두 번째 자비와 지혜를 함께 설출하여 금강의 뜻을 삼은 것이다.

---

33 원문에 지혜도피안智慧到彼岸은 영인본 화엄 7책, p.393, 말행末行 경문이다.

34 원문에 변찰이생遍剎利生은 영인본 화엄 7책, p.395, 말행末行 경문을 의인意引한 것이니 利를 위에서는 예리하다고 해석하였고, 여기서는 이익이라 번역하였다.

疏

七十八云호대 譬如金剛은 唯從金剛處와 及金處生하고 非餘寶處生인달하야 菩提心金剛도 亦復如是하야 唯從大悲로 救護衆生하는 金剛處와 一切智智殊勝境界인 金處而生하고 非餘衆生의 善根處生이라하니 故知하라 金剛은 不獨喩智어늘 攻般若者가 不得此意하고 但以標名으로 獨將金剛하야 喩於般若하고 不觀文中에 悲濟九類나 而無所度하며 悲智相導하야사 方爲眞實한 不共般若니 智者應知리라 別名은 卽是救護衆生은 悲也요 離衆生相은 智也니 義不殊總이라 說頌儀式은 頻見上文하니라

『화엄경』 칠십팔권에 말하기를 비유(譬)하자면 금강은 오직 금강의 처소와 그리고 황금의 처소만을[35] 좇아 생기하고 다른 보배의 처소에서는 생기하지 않는 것과 같아서, 보리심의 금강도 또한 다시 이와 같아서 오직 큰 자비로 좇아 중생을 구호하는 금강의 처소와 일체지지一切智智의 수승한 경계인 황금의 처소를 좇아 생기하고 다른 중생의 선근의 처소에서는 생기하지 않는다 하였으니,

---

35 금강의 처소와 황금의 처소라고 한 것은 금강의 처소는 광석이고 황금의 처소는 광석 가운데 황금이다. 이상에 금강의 처소와 황금의 처소는 능생의 처소이고 소생의 금강은 곧 녹여 단련한 순금이다. 법합 가운데 큰 자비로써 광석에 법합하고 큰 지혜로써 광석 가운데 황금에 법합하였으니 저 황금은 광석을 떠나 얻을 수 없고 저 모습을 떠난 지혜는 중생을 제도하는 큰 자비를 떠나 얻을 수 없는 것이다. 법합은 오직 큰 자비로 좇아 중생을 구호한다 한 이하이다.

그런 까닭으로 알아야 한다. 금강은 유독 지혜에만 비유한 것이 아니거늘[36] 반야를 닦는 사람이 이 뜻을 얻지 못하고 다만 표명標名[37]으로 오직 금강을 가져 반야에만 비유하고 경문 가운데 자비로 구류중생을 제도하지만 제도하는 바가 없으며 자비와 지혜를 서로 인도하여야 바야흐로 진실한 불공반야가 된다고 한 것을 보지 못한 것이니,

지혜로운 사람은 응당 알 수 있을 것이다.

별명別名은 곧 중생을 구호하는 것은 자비요,

중생의 모습을 떠나는 것은 지혜이니

그 뜻이 총명과 다르지 않다 하겠다.

게송을 설하는 의식은 위의 경문에서 자주 보였다.

鈔

故知金剛下四에 結彈이니 以今古諸師가 皆唯般若를 喻金剛故니라 不觀文中下는 成上失意니 以金剛經에 具悲智로 爲金剛故니라 彼經云호대 佛告須菩提하사대 諸菩薩摩訶薩이 應如是降伏其心이니 所有一切衆生之類인 若卵生과 若胎生과 若濕生과 若化生과 若有色과 若無色과 若有想과 若無想과 若非有想非無想을 我皆令入無餘涅槃하야 而滅度之는 悲濟九類也요 如是滅度無量無數無邊衆生호대

36 원문에 부독유지不獨喻智는 悲, 智에 함께 비유한 것을 알지 못하고 智에만 비유한 줄 아니, 어리석다 하겠다.

37 원문에 표명標名은 經의 제목 가운데 금강반야金剛般若 운운한 것이다.

實無衆生도 得滅度者等은 大智로 而無所度也니 故疏結云호대 悲智雙運이라하니라

그런 까닭으로 알아야 한다 금강이라고 한 아래는 네 번째 맺어서 탄핵한 것이니,
고금에 모든 스님들이 다 오직 반야만을 금강에 비유한 까닭이다.

경문 가운데 뜻을 보지 못한 것이라고 한 아래는 위에 고금에 스님들이 뜻을 잃었다는 것을 성립한 것이니,
『금강경』에 자비와 지혜를 갖춘 것으로써 금강을 삼은 까닭이다.
저 『금강경』에 말하기를 부처님이 수보리에게 말씀하시기를 모든 보살마하살이 응당 이와 같이 그 마음을 항복받아야 할 것이니, 있는 바 일체중생의 무리인 혹 알로 태어나는 것과 혹 습기로 태어나는 것과 혹 변화로 태어나는 것과 혹 색깔이 있는 것과 혹 색깔이 없는 것과 혹 생각이 있는 것과 혹 생각이 없는 것과 혹 생각이 있지도 않고 생각이 없지도 않는[38] 것들을 내가 다 하여금 무여열반에 들게 하여 제도한다고 한 것은 자비로 구류중생을 제도한 것이요 이와 같이 한량도 없고 수도 없고 끝도 없는 중생을 제도하지만 진실로 한 중생도 제도를 얻은 이가 없다고 한 등은 큰 지혜로 제도할 바가 없다는 것이니,

38 원문에 약비무若非無라 한 若 자는 연자衍字이다. 구류九類로 보면 약비유상비무상若非有想非無想은 하나이기에 若 자가 없어야 한다.

그런 까닭으로 소문에 맺어 말하기를[39] 자비와 지혜를 함께 운행한다 하였다.

39 원문에 소결운疏結云 비지쌍운悲智雙運이라고 한 것은 소문엔 비지상도悲智相導라 하였다. 『유망기遺忘記』엔 쌍도雙導라 하니 뜻으로만 통한다.

經

如來不出世하며　亦無有涅槃이나
以本大願力으로　示現自在法하니다

是法難思議하야　非心所行處니
智慧到彼岸하야사 乃見諸佛境이니다

여래는 세간에 출현한 적도 없으며
또한 열반에 든 적도 없지만
본래의 큰 서원의 힘으로써
자재한 법을 시현하십니다.

이 법은 사의하기 어려워
마음으로 행할 바 처소가 아니니
지혜로 피안에 이르러야
이에 모든 부처님의 경계를 볼 것입니다.

疏

正顯頌文이니 十頌은 歎佛寂用無礙德이라 大分爲二리니 初八은 讚佛勝德이요 後二는 結勸修行이라 今初分三하리니 初五偈는 寂而常用이요 次一偈는 用而常寂이요 後二는 無礙自在니라 今初分三하리니 初二偈는 無生滅而示生滅이라 於中前偈는 就法正顯이

요 後偈는 寄對顯深이니 以依體起用이라 體用無礙일새 故難思議요 又心有心相하면 動不能行일새 故難思議라하니라 智無智相일새 名到彼岸하야사 方見佛境이라하니라

게송의 문장을 바로 나타낸 것이니
열 게송은 부처님의 적체와 작용이 걸림이 없는 공덕을 찬탄한 것이다.
크게 나누어 두 가지로 하리니
처음에 여덟 게송은 부처님의 수승한 공덕을 찬탄한 것이요
뒤에 두 게송은 맺고 수행하기를 권한 것이다.

지금은 처음으로 세 가지로 나누리니
처음에 다섯 게송은 고요하지만 항상 작용하는 것이요
다음에 한 게송은 작용하지만 항상 고요한 것이요
뒤에 두 게송은 걸림이 없이 자재한 것이다.

지금은 처음으로 세 가지로 나누리니
처음에 두 게송은 생멸이 없지만 생멸을 보인 것이다.
그 가운데 앞에 게송은 법에 나아가 바로 나타낸 것이요
뒤에 게송은 상대를 의지하여 깊은 것을 나타낸 것이니,
자체를 의지하여 작용을 일으키는 것이다.
자체와 작용이 걸림이 없기에 그런 까닭으로 사의하기 어렵다 한 것이요

또 마음에[40] 마음의 모습이 있으면 문득[41] 능히 행할 수 없기에 그런 까닭으로 사의하기 어렵다 한 것이다.
지혜에 지혜의 모습이 없기에 이름을 피안에 이르러야 바야흐로 부처님의 경계를 볼 것이다 하였다.

40 또 마음에 운운한 것은 이 위에는 위에 게송(여기 두 게송 가운데 위에 게송)을 의지하여 해석한 것이고, 지금에는 아래 게송을 의지하여 해석한 것이다. 역시 『잡화기』의 말이다.

41 원문에 動 자는 忽 자, 乃 자의 뜻이다. 그러나 行動으로 보아도 무방하다.

經

色身非是佛이며 音聲亦復然이나
亦不離色聲하야 見佛神通力이니다

少智不能知 諸佛實境界니
久修淸淨業하야사 於此乃能了니다

색신은 부처님이 아니며
음성도 또한 다시 그러하지만
또한 색신과 음성을 떠나
부처님의 신통력을 볼 수 있는 것도 아닙니다.

지혜가 적은 사람은
능히 부처님의 진실한 경계를 알 수 없나니
오랫동안 청정한 업을 닦아야
이에 능히 알 수 있을 것입니다.

疏

次二偈는 非色聲이나 而現色聲이라 亦前偈는 就法正顯이요 後偈는 寄對顯深이니 少智謂權小이요 久修謂圓機니 素習見聞일새 故能了實이라

다음에 두 게송은 색신도 음성도 아니지만 색신과 음성을 나타낸 것이다.
또한 앞에 게송은 법에 나아가 바로 나타낸 것이요
뒤에 게송은 상대를 의지하여 깊은 것을 나타낸 것이니
지혜가 적은 사람이라고 한 것은 권교 소승을 말한 것이요
오랫동안 닦았다고 한 것은 원교의 근기를 말한 것이니,
평소에 익히고 보고 들었기에 그런 까닭으로 능히 진실한 경계를 알 수 있는 것이다.

經

正覺無來處며 去亦無所從이나
清淨妙色身이 神力故顯現하니다

정각은 오신 곳도 없으며
가심에 또한 좇아가시는 바도 없지만
청정하고 묘한 색신이
신통력을 인한 까닭으로 나타나십니다.

疏

後一頌은 明無來去나 而示來去니 覺處卽現이나 不從方來며 迷處自無나 不從此去언만 以神力故로 示有來去니라 然이나 從神力中來나 卽無來矣니라

뒤에 한 게송은 오신 곳도 가신 곳도 없지만 오고가심을 시현함을 밝힌 것이니,
깨달은 곳에 곧 나타나지만 이곳을 좇아오신 것도 아니며, 미한 곳에 스스로 없지만 이곳으로 좇아가신 것도 아니지만 신통력을 인한 까닭으로 오고감이 있음을 시현한 것이다.
그러나 신통력 가운데로 좇아오셨지만 곧 오신 적이 없는 것이다.

經

無量世界中에　示現如來身하사
廣說微妙法이나 其心無所著하니다

한량없는 세계 가운데
여래의 몸을 시현하여
미묘한 법을 널리 설하시지만
그 마음은 집착하는 바가 없으십니다.

疏

二는 用而常寂中에 三句用이요 末句寂이라

두 번째는 작용[42]하지만 항상 고요한 가운데 앞에 세 구절은 작용이요 끝 구절은 고요한 것이다.

---

42 원문 用 자 아래에 而 자가 있어야 좋다.

經

智慧無邊際하야 了達一切法할새
普入於法界하사 示現自在力하니다

衆生及諸法을 了達皆無礙할새
普現衆色像하야 遍於一切刹하니다

지혜가 끝이 없어
일체법을 요달하셨기에
널리 법계에 들어가
자재한 힘을 시현하십니다.

중생과 그리고 모든 법을
요달하여 다 걸림이 없으시기에
널리 수많은 색상을 나타내어
일체 세계에 두루하십니다.

疏

三은 無礙自在中에 初偈는 了事理無礙할새 起用自在요 後偈는 了生法無礙할새 起用自在니 可知니라

세 번째는 걸림이 없어 자재한 가운데 처음 게송은 사실과 진리가

걸림이 없음을 요달하셨기에 작용을 일으키는 것이 자재한 것이요 뒤에 게송은 중생과 법이 걸림이 없음을 요달하셨기에 작용을 일으키는 것이 자재한 것이니

가히 알 수가 있을 것이다.

經

欲求一切智하야 速成無上覺인댄
應以淨妙心으로 修習菩提行하리다

若有見如來의 如是威神力인댄
當於最勝尊에 供養勿生疑하리다

일체 지혜를 구하여
더 이상 없는 깨달음을 빨리 이루고자 한다면
응당 청정하고 묘한 마음으로
보리의 행을 닦아 익혀야 할 것입니다.

만약 어떤 사람이
여래의 이와 같은 위신력을 보려 한다면
마땅히 가장 수승한 세존께
공양하고 의심을 내지 말아야 할 것입니다.

疏

後二偈는 結勸中에 初偈는 勸修智進行이요 後偈는 勸修福斷疑라

뒤에 두 게송은 맺고 권하는[43] 가운데 처음에 게송은 지혜를 닦아

---

43 원문에 결권結勸이라고 한 것은 앞에 말을 맺고 수행修行하기를 권한다는

보리의 행[44]에 나아가기를 권한 것이요
뒤에 게송은 복을 닦아 의심을 끊기를 권한 것이다.

것이다. 또 결론적結論的으로 권한다는 뜻이다.

44 행行이란, 보리菩提의 행行이다.

經

爾時에 堅固幢菩薩이 承佛神力하야 普觀十方하고 而說頌言호대

그때에 견고당보살이 부처님의 위신력을 받아 널리 시방을 관찰하고 게송을 설하여 말하기를

疏

第二에 南方堅固者는 表不壞迴向故니 菩提心堅故며 觀佛無厭故라

제 두 번째 남방에 견고는 불괴회향을 표한 까닭이니,
보리의 마음이 견고한 까닭이며
부처님을 관찰하되 싫어함이 없는 까닭이다.

經

如來勝無比하며 甚深不可說하나니
出過言語道하야 淸淨如虛空하니다

汝觀人師子의 自在神通力하라
已離於分別이나 而令分別見케하니다

導師爲開演 甚深微妙法하시니
以是因緣故로 現此無比身하니다

여래는 수승하여 비교할 수 없으며
깊고도 깊어 가히 말할 수 없나니
언어의 길을 벗어나
청정하기가 허공과 같습니다.

그대는 사람 가운데 사자의
자재한 신통력을 관찰하세요.
이미 분별을 떠났지만
그러나 하여금 분별하여 보게 하십니다.

도사가
깊고도 깊은 미묘한 법을 열어 연설하시니
이 인연을 의지한 까닭으로

이 비교할 수 없는 몸을 나타내십니다.

疏

十頌이 多明如來의 爲物所依德이라 於中分二리니 初三은 讚佛勝德이요 後七은 勸修辨益이라 前中初頌은 明佛體離言이요 次偈는 無相現相이요 後偈는 現相所因이라

열 게송은 다분히 여래가 중생의 의지할 바가 되는 공덕을 밝힌 것이다.
그 가운데 두 가지로 나누리니
처음에 세 게송은 부처님의 수승한 공덕을 찬탄한 것이요
뒤에 일곱 게송은 수행하기를 권하여 이익을 분별한 것이다.
앞에 부처님의 수승한 공덕 가운데 처음에 게송은 부처님의 자체가 말을 떠난 것을 밝힌 것이요
다음에 게송은 모습[45]이 없지만 모습을 나타내는 것이요
뒤에 게송은 모습을 나타냄에 인연하는 바이다.

45 원문에 상相이란, 신상身相이다.

經

此是大智慧로　諸佛所行處니
若欲了知者인댄 常應親近佛하리다

이것은 큰 지혜로
모든 부처님이 행하신 바 처소이니
만약 요달하여 알고자 한다면
항상 응당히 부처님을 친근해야 할 것입니다.

疏

後七中엔 擧修有益이니 卽顯佛德深玄이라 文中分三하리니 初偈는 指德勸依니 卽結前生後라

뒤에 일곱 게송 가운데는 수행함에 이익이 있음을 거론한 것이니,
곧 부처님의 공덕이 깊고도 현묘함을 나타낸 것이다.
경문 가운데 세 가지로 나누리니
처음에 게송은 공덕을 가리켜 의지하기를 권한 것이니,
앞의 말을 맺고 뒤의 말을 생기한 것이다.

經

意業常淸淨하야 供養諸如來하대
終無疲厭心인댄 能入於佛道하리다

具無盡功德하고 堅住菩提心인댄
以是疑網除하야 觀佛無厭足하리다

通達一切法인댄 是乃眞佛子니
此人能了知 諸佛自在力하리다

의업이 항상 청정하여
모든 부처님께 공양하되
끝내 피곤하거나 싫어하는 생각이 없다면
능히 불도에 들어갈 것입니다.

끝없는 공덕을 구족하고
보리의 마음에 굳건하게 머문다면
이것으로 의심의 그물이 제멸되어
부처님을 관찰하되 싫어하거나 만족함이 없을 것입니다.

일체법을 통달하였다면
이 사람은 이에 참다운 불자이니
이 사람은 능히

모든 부처님의 자재한 힘을 요달하여 알 것입니다.

疏

次三은 示能入者하야 令物思齊니 各先擧行이요 後彰行益이라

다음에 세 게송은 능히 들어갈 사람을 시현하여 중생으로 하여금 제등함을 생각케 하는 것이니,
각각 먼저는 행을 거론한 것이요
뒤에는 행의 이익을 밝힌 것이다.

經

廣大智所說인　欲爲諸法本이니
應起勝希望하야 志求無上覺하리다

若有尊敬佛하야 念報於佛恩인댄
彼人終不離　一切諸佛住하리다

何有智慧人인댄 於佛得見聞하고
不修清淨願하야 履佛所行道리요

광대한 지혜로 설한 바
욕망이 모든 법의 근본이 되나니
응당 수승한 희망을 일으켜
마음에 더 이상 없는 깨달음을 구할 것입니다.

만약 어떤 사람이 부처님을 존경하여
부처님의 은혜를 갚을 것을 생각한다면
저 사람은 끝까지
일체 부처님이 머무신 곳을 떠나지 아니할 것입니다.

어찌 지혜 있는 사람이라면
부처님께 보고 들음을 얻고
청정한 서원을 닦아

부처님께서 행하신 바 길을 밟지 않겠습니까.

疏

後三은 正勸進修라 然夫進修가 略有五法하니 謂欲精進과 念巧慧一心이라 初偈明欲이요 次偈辨念이요 後偈巧慧니 前二正明이요 後一反顯이라 一心精進은 攝在志求之中이라

뒤에 세 게송은 바로 나아가 수행하기를 권한 것이다.
그러나 대저 나아가 수행하는 것이 간략하게 다섯 가지 법이 있나니 말하자면 욕망[46]과 정진과 생각과 교묘한 지혜와 한 마음이다.
처음에 게송은 욕망을 밝힌 것이요
다음에 게송은 생각을 분별한 것이요
뒤에 게송은 교묘한 지혜이니,
앞에 두 게송은 바로 밝힌 것이요
뒤에 한 게송은 반대로 나타낸 것이다.
한 마음과 정진은 마음에 더 이상 없는 깨달음을 구할 것이라고 한가운데 섭수되어 있다.

鈔

然夫進修等者는 釋此三偈에 自有二重하니 一은 約五法이니 卽智論

46 여기서 욕망은 나쁜 욕망이 아니라 희망을 말한다.

文이라 天台取之하야 爲二十五方便하니 此第五五라 止觀具云호대 謂前二十法이 雖備나 若無樂欲悕慕와(一也) 身心苦策과(二也) 念想과(三也) 方便과(四也) 一心決志者인댄(五也) 止觀이 無由現前이라하니라 釋曰上卽反釋이라 下順釋云인댄 若能欣集無厭하며(一也) 曉夜匪懈하며(二也) 念念相續하며(三也) 善得其意하며(四也) 一心無異인댄(五也) 此人能進前路라하니라 一心은 喩船柂하고 巧慧는 如點頭하고 三種은 如篙櫓하니 若少一事인댄 則不安穩하며 無此五法인댄 事禪尙難거든 何況理定이리요

그러나 대저 나아가 수행한다고 한 등은 이 세 가지 게송을 해석함에 스스로 이중二重이 있나니
첫 번째는 다섯 가지 법을 잡은 것이니 곧 『지도론』의 글이다. 천태가 그것을 취하여 이십오방편[47]을 삼았으니 이것은 제 다섯 번째 다섯 가지 법(五法)이다.
천태지관에 갖추어 말하기를 말하자면 이 앞에 이십법[48]이 비록 구비되었지만 만약 욕망을 좋아하여 슬피 울고[49] 사모하는 것과(첫 번째) 몸과 마음을 괴롭히고 채찍질하는 것과(두 번째) 생각하는 것과(세 번째) 방편(네 번째)과 한 마음으로 결정하는 뜻(다섯 번째)이

47 이십오방편二十五方便은 1. 오연五緣, 2. 오욕五欲, 3. 오개五蓋, 4. 오사五事, 5. 오법五法이다. 『불교사전』, p.716을 보라

48 이십법二十法이란, 이십오법二十五法에서 第五에 오법五法을 제외하면 이십법二十法이 된다. 현수품賢首品 초품鈔文에 이미 현시하였다.

49 원문에 悕 자는 北藏엔 希 자이니, 樂欲을 희망하고 사모한다는 것이다.

없다면 지관止觀이 현전함을 인유할 수 없다 하였다.

해석하여 말하면 이상은 곧 반대로 해석한[50] 것이다.

이 아래에 순리대로 해석하여[51] 말한다면 만약 능히 좋아하는 것을 모으되 싫어함이 없으며(첫 번째) 새벽부터 밤까지 게으르지 아니하며(두 번째) 생각 생각이 상속하며(세 번째) 그 뜻을 잘 얻으며(네 번째) 한 마음으로 다름이 없다면(다섯 번째) 이 사람은 능히 앞길에 나아갈 것이다 해야 할 것이다.

한 마음은 배 만드는 나무[52]에 비유하고

교묘한 지혜[53]는 배 만드는 사람과 같고

나머지 세 가지[54]는 뱃사공[55]과 노와 같나니,

만약 하나라도 없다면 곧 안은하지 못할 것이며

이 다섯 가지 법이 없다면 사선事禪[56]도 오히려 어렵거든 어찌 하물며 이정理定이겠는가.

---

50 원문에 상반석上反釋이라고 한 것은 천태교天台教에서 오지관五止觀을 반대로 해석한 것이다.

51 원문에 하순석下順釋이라고 한 것은 청량淸凉스님이 오지관五止觀을 순리대로 해석한 것이다.

52 원문에 椸는 '나무 이름 이' 자이다.

53 원문에 교혜巧慧는 방편方便이고, 점두點頭는 파초인把梢人이다.

54 삼종三種은 욕欲, 정진精進, 염念이다.

55 원문에 篙는 '상앗대 고, 삿대 고' 자이다.

56 사선事禪이란, 사선팔정四禪八定을 말한다.

疏

又慈氏論엔 引醍醐喩經하야 共說九善하니 謂一切法이 欲爲根本과 作意所生과 觸所集起와 受所引攝과 以念爲主와 定爲上首와 慧爲最勝과 解脫爲堅固와 出離爲後邊이라 有前에 未必有後어니와 有後에 定須有前하니 是故先說호대 欲爲其本이라하니라 下二句는 揀非惡欲이니 爲勝希望이라

또 『자씨론』[57]에는 제호를 비유한 경[58]을 인용하여 함께 아홉 가지 선법을 설하였으니,
말하자면 일체법이 욕망으로 근본을 삼는 것과
작의作意로 생기하는 바와
촉觸으로 집기集起하는 바와
수受로 이끌어 섭수하는 바와
생각으로 주인을 삼는 것과
선정으로 상수를 삼는 것과
지혜로 가장 수승함을 삼는 것과
해탈로 견고함을 삼는 것과
벗어남으로 후변後邊을 삼는 것이다.
앞이 있음에 반드시 뒤가 있지는 않거니와 뒤가 있음에 반드시

57 『자씨론慈氏論』은 『유가론瑜伽論』이니 미륵의 저술이기에 『자씨론』이라고도 한다.

58 원문에 제호유경醍醐喩經은 『열반경涅槃經』이다.

앎이 있나니,
이런 까닭으로 먼저 말하기를 욕망으로 그 근본을 삼는다 하였다.
아래 두 구절[59]은 나쁜 욕망이 아님을 가린 것이니
수승한 희망이 되는 것이다.

鈔

又慈氏論下는 第二에 九因釋也니 卽瑜伽論이라 從人名論이니 是其造故라 醍醐喩經은 卽涅槃經이니 經有五味로대 從牛出乳하야 至於醍醐하니 醍醐는 喩大般涅槃故事라 卽三十八經에 明三十七品호대 根本是欲이요 因名明觸이요 攝取名受요 增名善思요 主名爲念이요 導名爲定이요 勝名智慧요 實名解脫이요 畢竟名爲大般涅槃이라하니 廣如經說하니라 今卽瑜伽에 引經일새 故經論無違니라 欲爲根本者는 起希望故요 作意所生者는 數數警覺故요 觸所集起者는 和心心所하야 對勝境故요 受所引攝者는 領在心故요 以念爲主者는 常明記故요 定爲上首者는 心證寂故요 慧爲最勝者는 擇善惡故요 解脫爲堅固者는 息纏縛故요 出離爲後邊者는 覺道滿故라 從有前下는 總結釋이라

또 『자씨론』이라고 한 아래는 제 두 번째 아홉 가지 원인을 해석한 것이니,
곧 『유가론』이다.

59 원문에 하이구下二句는 初揭 가운데 下二句이다.

사람을 좇아 『자씨론』이라 이름한 것이니,
이 논論을 그가 지은 까닭이다.
제호를 비유한 경이라고 한 것은 곧 『열반경』이니,
경에 다섯 가지 맛이 있으되 소로 좇아 우유를 내어 제호 맛에 이르나니,
제호는 대반열반에 비유한 고사故事[60]이다.
곧 열반 삼십팔경[61]에 삼십칠조도품을 밝히기를
근본은 욕망이요
원인은 이름이 밝은 촉[62]이요
섭취하는 것은 이름이 수受요
증장하는 것은 이름이 잘 생각하는 것이요
주인은 이름이 기억하여 생각하는 것이요
인도[63]하는 것은 이름이 선정이요
수승한 것은 이름이 지혜요
진실한 것은 이름이 해탈이요
필경은 이름이 대열반이다 하였으니,

---

60 고사故事라고 한 것은 『잡화기』는 故"라" 토니 제호경의 말을 성립하는 것이다 하였다. 그러나 나는 고사故事"라" 토로 보았다. 故라 事卽 운운하면 事卽 이하의 말이 여의치 않나니 잘 생각할 것이다.

61 삼십팔경三十八經은 삼십육경三十六經인 듯하다. 한글장경으로는 34권 가섭보살품 第四, p.704, 上段이다.

62 원문에 명촉明觸이라 한 明 자를 혹 연자衍字로 보는 사람도 있으나 『열반경涅槃經』 原文에 明觸이라 하였다.

63 尊 자는 導 자의 잘못이라고 『잡화기』는 말한다.

널리는 저 『열반경』에 설한 것과 같다.[64]
지금에는 곧 『유가론』에 『열반경』을 인용하였기에 그런 까닭으로 『열반경』과 『유가론』이 어김이 없는[65] 것이다.

욕망으로 근본을 삼는다고 한 것은 희망을 일으키는 까닭이요
작의로 생기하는 바라고 한 것은 자주자주 경각하는 까닭이요
촉으로 집기하는 바라고 한 것은 심왕과 심소를 화합하여 수승한 경계를 상대하는 까닭이요
수로 이끌어 섭수하는 바라고 한 것은 영수領收하여 마음에 두는 까닭이요
생각으로 주인을 삼는다고 한 것은 항상 분명하게 기억하는 까닭이요
선정으로 상수를[66] 삼는다고 한 것은 마음이 적정을 증득한 까닭이요
지혜로 가장 수승함을 삼는다고 한 것은 선과 악을 가리는 까닭이요
해탈로 견고함을 삼는다고 한 것은 얽힌 것을 쉬는 까닭이요
벗어나는 것으로 후변을 삼는다고 한 것은 깨달음의 도가 만족한 까닭이다.

---

64 원문에 광여경설廣如經說이라고 한 것은 선남자善男子야, 선한 욕망은 처음 도심道心을 내는 것과 내지 아뇩다라삼먁삼보리의 근본이니, 그러기에 욕망이 근본이라 한다… 운운하였다.

65 원문에 무위無違란, 『열반경』과 『유가론』에 九因을 說한 것이 같다는 것이다. 다만 순서가 다르기는 하지만.

66 원문 首 자 아래에 者 자가 있는 것이 좋다.

앞이 있다고 한 것으로 좇아 아래는 모두 맺어서 해석한 것이다.

疏

次偈上半은 念主요 下半은 作意라 後偈는 反釋이니 初句는 慧勝이요 次句는 觸集及受요 次句는 定及解脫이요 後句는 出離라

다음 게송[67]에 위에 반 게송은 주인을 생각하는 것이요
아래 반 게송은 뜻을 짓는 것이다.
뒤에 게송은 반대로 해석한 것이니
처음 구절은 지혜로 수승함을 삼는 것이요
다음 구절은 촉으로 집기하는 것과 그리고 수로 섭수하는 것이요
다음 구절은 선정과 그리고 해탈이요
뒤에 구절은 벗어나는 것이다.

鈔

次句는 觸集及受者는 卽於佛得見聞이니 見佛聞法이 皆是觸對며 見聞에 必領在心也라 次句는 定及解脫者는 修卽心定證寂也라 淸淨爲解脫은 可知라 後句는 履佛行道는 卽已出離하야 覺道滿故니라

다음 구절은 촉으로 집기하는 것과 그리고 수로 섭수하는 것이라고

67 원문에 차게次偈는 第二偈이다.

한 것은 곧 부처님께 보고 들음을 얻는 것이니,
부처님을 친견하고 부처님께 듣는 것이 다 촉의 상대이며
보고 들음에 반드시 영수하여 마음에 두는 것이다.

다음 구절은 선정과 그리고 해탈이라고 한 것은 수행함에 곧 마음이 선정에 들어 적정을 증득하는 것이다.
청정한 것으로 해탈을 삼는 것은[68] 가히 알 수가 있을 것이다.

뒤에 구절은 부처님께서 행하신 바 길을 밟는다고 한 것은 곧 이미 벗어나 깨달음의 도가 만족한 까닭이다.

---

68 원문에 청정위해탈清淨爲解脫은 第三句이다.

經

爾時에 勇猛幢菩薩이 承佛神力하야 普觀十方하고 而說頌言호대

그때에 용맹당보살이 부처님의 위신력을 받아 널리 시방을 관찰하고 게송을 설하여 말하기를

疏

第三에 西方菩薩은 淨心智力으로 見佛盡源하야 等一切佛일새 故名勇猛이라

제 세 번째 서방 보살은 청정한 마음과 지혜의 힘으로 부처님을 친견하고 근원을 다하여 일체 부처님과 같기에 그런 까닭으로 용맹이라 이름하는 것이다.

經

譬如明淨眼이　因日覩衆色인달하야
淨心亦復然하야 佛力見如來하니다

如以精進力으로 能盡海源底인달하야
智力亦如是하야 得見無量佛하니다

비유하자면 밝고 맑은 눈이
태양을 인하여 수많은 색상을 보는 것과 같아서
청정한 마음도 또한 다시 그러하여
부처님의 힘으로 여래를 봅니다.

정진의 힘으로
능히 바다의 근원 밑까지 다 보는 것과 같아서
지혜의 힘도 또한 이와 같아서
한량없는 부처님을 얻어 봅니다.

疏

十頌分二리니 前六은 明感應道交하야 見佛聞法이요 後四는 令捨僞求眞하야 拂見聞相이라 故此一段이 總顯如來의 見聞弘益之德이라 前中前五는 各上半喩요 下半合이라 通分爲二리니 初二見佛이요 後四聞法이라 前中初偈는 雙明感應이니 淨心은 如淨眼이

니 爲見之因이요 佛力如日이니 爲見之緣이요 如來如色이니 爲見之境이라 如人入闇하면 則無所見하나니 斯則獨因으로는 不見也요 如明淨日도 瞽者莫見하나니 獨緣으로는 不見也니 此辨因緣和合하야사 方能見也니라

열 게송을 두 가지로 나누리니
앞에 여섯 게송은 감응하는 도가 서로 사무쳐 부처님을 보고 법문을 듣는 것을 밝힌 것이요
뒤에 네 게송은 하여금 거짓을 버리고 진실을 구하여 보고 듣는 모습을 떨치게 하는 것이다.
그런 까닭으로 이 일단이 모두 여래의 보고 듣고 널리 이익케 하는 공덕을 나타낸 것이다.
앞의 여섯 게송 가운데 앞에 다섯 게송은 각각 위에 반 게송은 비유요
아래 반 게송은 법합이다.
모두 나누어 두 가지로 하리니
처음에 두 게송은 부처님을 보는 것이요
뒤에 네 게송은 법문을 듣는 것이다.

처음에 두 게송 가운데 처음 게송은 감응을 함께 밝힌 것이니
청정한 마음이라고 한 것은 맑은 눈과 같나니
보는 원인이 되는 것이요
부처님의 힘이라고 한 것은 태양과 같나니

보는 인연이 되는 것이요
여래라고 한 것은 색상과 같나니
보는 경계가 되는 것이다.
마치 어떤 사람이 어둔 방에 들어가면 곧 볼 수 없는 것과 같나니,
이것은 홀로 인因만으로는 볼 수 없는 것이요
마치 밝고 맑은 태양도 눈먼 사람은 볼 수 없는 것과 같나니,
홀로 연緣만으로는 볼 수 없는 것이니
이것은 인과 연이 화합하여야 바야흐로 능히 볼 수 있음을 분별한 것이다.

此辨因緣和合하야사 方能見者는 正同金剛經云호대 如人有目에 日光明照하면 見種種色이라하나 但彼는 以般若로 爲日하고 法中에 明心不住法하면 則內心에 自有因緣이어니와 不同佛力으로 爲日也니라

이것은 인과 연이 화합하여야 바야흐로 능히 볼 수 있음을 분별한 것이라고 한 것은 바로 『금강경』에 말하기를 어떤 사람이 눈이 있음에 태양의 광명이 밝게 비치면 가지가지 색상을 보는 것과 같다고 함과 같지만, 다만 저 『금강경』은 반야로써 태양을 삼고 법합 가운데 마음이 법에 머물지 않는다면 곧 안으로 마음에 스스로 인과 연이 있음을 밝힌 것이어니와, 지금에 부처님의 힘으로 태양을 삼은 것과는 같지 않는 것이다.

疏

後偈는 偏擧於感이니 以因奪緣이라 如出現品云호대 此非如來의 威神之力等이라

뒤에 게송은 감感만을 치우쳐 거론한 것이니
인으로써 연을 빼앗는 것이다.
저 출현품에 말하기를 이것은 여래의 위신력이 아니라고 한 등과 같은 것이다.

鈔

如出現品者는 謂佛光으로 救地獄衆生하야 生天하시니 便卽念言호대 此是如來의 威神之力이라하거늘 佛便報言하사대 此非如來의 威神之力이라 若一衆生이라도 於如來所에 不種善根하고 能得如來의 少分智慧는 無有是處라하니 是也니라

저 출현품과 같다고 한 것은 말하자면 부처님이 광명으로 지옥의 중생을 구원하여 천상에 태어나게 하시니,
곧 생각하여 말하기를 이것은 여래의 위신력이다 하거늘,
부처님께서 곧 일러 말씀하시기를 이것은 여래의 위신력이 아니다.
만약 한 중생이라도 여래의 처소에서 선근을 심지 않고 능히 여래의 적은 지혜도 얻는다는 것은 있을 수 없다 하였으니,
이것을 말하는 것이다.

經

譬如良沃田에　所種必滋長인달하야
如是淨心地에도 出生諸佛法하니다

如人獲寶藏하면 永離貧窮苦인달하야
菩薩得佛法하면 離垢心淸淨하리다

譬如伽陀藥이　能消一切毒인달하야
佛法亦如是하야 滅諸煩惱患하니다

眞實善知識은　如來所稱讚이니
以彼威神故로　得聞諸佛法하니다

비유하자면 좋고 비옥한 밭에
심은 바 종자가 반드시 잘 자라는 것과 같아서
이와 같이 청정한 마음의 땅에도
모든 부처님의 법이 잘 출생합니다.

사람이 보배 창고를 얻으면
영원히 빈궁한 괴로움을 떠나는 것과 같아서
보살도 부처님의 법을 얻으면
때를 떠나 마음이 청정할 것입니다.

비유하자면 아가타약이
능히 일체 독약을 소멸하는 것과 같아서
불법도 또한 이와 같아서
모든 번뇌의 근심을 소멸합니다.

진실한 선지식은
여래가 칭찬하시는 바이니
저 부처님의 위신력을 의지한 까닭으로
모든 부처님의 법문을 얻어 듣습니다.

疏

後에 聞法中에 四偈分三하리니 初偈는 顯因能生法이라 次二는 顯得法之益이니 前偈는 得權智하야 能離所知心垢요 後偈는 有根本智하야 能除煩惱之患이라 三에 一偈는 顯緣令聞法이니 故上文云호대 佛法無人說하면 雖慧莫能了라하니라

뒤에 법문을 듣는 가운데 네 게송을 세 가지로 나누리니
처음에 게송은 원인이 능히 법을 생기하는 것을 나타낸 것이다.
다음에 두 게송은 법을 얻는 이익을 나타낸 것이니
앞에 게송은 방편의 지혜를 얻어 능히 알아야 할 바 마음에 때를 떠나는 것이요
뒤에 게송은 근본지가 있어 능히 번뇌의 근심을 제멸하는 것이다.

세 번째 한 게송은 조연(緣)이 하여금 법을 듣게 하는 것을 나타낸 것이니,

그런 까닭으로 위의 경문[69]에 말하기를 불법도 사람이 설하지 않는다면 비록 지혜가 있다 하더라도 능히 알 수 없다 하였다.

---

69 원문에 上文이란, 위에 수미정상게찬품須彌頂上偈讚品이니, 갖추어 말하면 譬如暗中寶를 無燈不可見인달하야 佛法無人說하면 雖慧莫能了라 할 것이다. 즉 비유하자면 어두운 방 가운데 보배를 / 등불이 없다면 가히 볼 수 없는 것과 같아서 / 불법도 사람이 설하지 않는다면 / 비록 지혜가 있다 하더라도 능히 알 수 없다 하였다.

經

設於無數劫에　財寶施於佛이라도
不知佛實相하면 此亦不名施니다

無量衆色相으로 莊嚴於佛身이라도
非於色相中엔　而能見於佛이니다

如來等正覺이　寂然恒不動이나
而能普現身하사 遍滿十方界하니다

譬如虛空界가　不生亦不滅인달하야
諸佛法如是하야 畢竟無生滅하니다

설사 수없는 세월에
재물과 보배를 부처님께 보시할지라도
부처님의 실상을 알지 못한다면
이것은 또한 보시라 이름할 수 없습니다.

한량없이 많은 색상으로
부처님의 몸을 장엄할지라도
색상 가운데서는
능히 부처님을 볼 수 없습니다.

여래 등정각이
적연히 항상 움직이지 않지만
능히 폭넓게 몸을 나타내어
시방세계에 두루 가득하게 하십니다.

비유하자면 허공의 세계가
생겨난 적도 없고 또한 사라진 적도 없는 것과 같아서
모든 부처님의 법도 이와 같아서
필경에 생겨난 적도 사라진 적도 없습니다.

疏

後四는 令捨僞求眞中에 二니 前一은 示僞令捨니 住相施故며 以色相見佛하야 行邪道故라 後三은 顯眞令求니 初二偈는 顯眞佛이니 前偈는 卽相非相일새 故非色能見이요 後偈는 卽寂而應일새 故不可以寂取이라 末偈는 顯眞法이니 眞法은 無生亦無滅故니라

뒤에 네 게송은 하여금 거짓을 버리고 진실을 구하게 하는 가운데 두 가지가 있나니
앞에 한 게송은 거짓을 시현하여 하여금 버리게 하는 것이니,
모습에 머물러 보시하는 까닭이며
색상으로 부처님을 보아 사도를 행하는 까닭이다.
뒤에 세 게송은 진실을 시현하여 하여금 구하게 하는 것이니

처음에 두 게송은 진실한 부처님을 나타낸 것이니
앞에 게송은 곧 모습이 모습이 아니기에 그런 까닭으로 색상으로 능히 볼 것이 아니요
뒤에 게송은 곧 고요하지만 응하기에 그런 까닭으로 가히 고요함으로 취할 것이 아니다.
끝에 게송은 진실한 법을 나타낸 것이니,
진실한 법은 생겨난 적도 없고 또한 사라진 적도 없는 까닭이다.

經

爾時에 光明幢菩薩이 承佛神力하야 普觀十方하고 而說頌言호대

그때에 광명당보살이 부처님의 위신력을 받아 널리 시방을 관찰하고 게송을 설하여 말하기를

疏

第四에 北方菩薩은 以大悲力으로 運智慧光하야 朗彼重昏호대 無所不至가 名光明幢이라 又以智慧로 令諸善根으로 無所不至故니라

제 네 번째 북방에 보살은 큰 자비의 힘으로써 지혜의 광명을 운행하여 저 겹겹의 어둠을 밝히되 이르지 않는 바가 없는 것이 이름이 광명당이다.
또 지혜로써[70] 모든 선근으로 하여금 이르지 않는 바가 없게 하는 까닭이다.

---

70 원문에 우이지혜又以智慧 운운은 이 위에 말과 여기 말이 다 회향回向 가운데 뜻이지만 다만 위에 말은 대비大悲를 잡아 말한 것이고, 여기에 말은 대지大智를 잡아 말한 것이다. 위에 지혜智慧의 광명이란 이름을 잡아 말한 것이다. 이상은 『잡화기』의 말이다. 上이란, 곧 원문 又以라고 한 前으로 북방보살北方菩薩 이하이다.

經

人間及天上과 一切諸世界에
普見於如來의 清淨妙色身하니다

인간과 그리고 천상과
일체 모든 세계에
널리 여래의
청정하고 묘한 색신을 봅니다.

疏

此頌中엔 多顯如來의 卽體化用周普之德이라 十頌分三하리니 初一은 化用廣이니 亦明化處요 次七은 化用深이니 亦明化依요 後二는 雙結釋이라

이 게송 가운데는 다분히 여래의 자체에 즉하여 변화하는 작용이 두루한 공덕을 나타낸 것이다.
열 게송을 세 가지로 나누리니
처음에 한 게송은 변화하는 작용이 넓은 것이니
또한 변화하는 처소를 밝힌 것이요
다음에 일곱 게송은 변화하는 작용이 깊은 것이니
또한 변화하고 의지하는 것을 밝힌 것이요
뒤에 두 게송은 함께 맺어 해석한 것이다.

經

譬如一心力이　能生種種心인달하야
如是一佛身도　普現一切佛하니다

菩提無二法이며 亦復無諸相이나
而於二法中에　現相莊嚴身하니다

了法性空寂이나 如幻而生起하야
所行無有盡하니 導師如是現하니다

三世一切佛이　法身悉清淨이나
隨其所應化하야 普現妙色身하니다

비유하자면 한 마음의 힘이
능히 가지가지 마음을 생기하는 것과 같아서
이와 같이 한 부처님의 몸도
널리 일체 부처님을 나타내십니다.

보리는 두 가지 법이 없으며
또한 다시 모든 모습이 없지만
그러나 두 가지 법 가운데
삼십이상으로 장엄한 몸을 나타내십니다.

법성이 공적한 줄 알지만
환상과 같이 생기하여
행하는 바가 끝이 없나니
도사가 이와 같이 나타내십니다.

삼세에 일체 부처님이
법신이 다 청정하지만
그 중생 응당 교화할 바를 따라서
널리 묘한 색신을 나타내십니다.

疏

化依中에 分四하리니 初四는 雙明能所依요 次一은 拂其能化心이요 次一은 拂其所依體요 後一은 雙融自在니 亦拂能依니라 今初初偈는 總明一多無礙니 依一總心하야 變多王所인달하야 於一實佛에 應化多端일새 故無礙也니라 次一은 相二無礙니 無相現相하며 無二現二나 體絶能所일새 故云無二라하고 相依身有일새 是卽二也라하니라 然相二相對하야 應成四句로대 略擧其一하니 無二現二는 卽於一現多니 乃至百千이라도 亦名二故니라 次偈는 顯依性起니 起不異性일새 故如幻無盡이라하니라 後偈는 從法身流니 擧三世佛하야 以顯道同하니라

변화하고 의지하는 가운데 네 가지로 나누리니

처음에 네 게송은 능히 의지하고 의지하는 바를 함께 밝힌 것이요
다음에 한 게송은 능히 변화하는 마음을 떨치는 것이요
다음에 한 게송은 그 의지하는 바 자체를 떨치는 것이요
뒤에 한 게송은 함께 융합하여 자재한 것이니
또한 능히 의지하는 것도 떨치는 것이다.

지금은 처음으로, 처음에 게송은 한 몸과 많은 몸이 걸림이 없음을 한꺼번에 밝힌[71] 것이니,
하나의 총심總心을 의지하여 수많은 심왕과 심소를 변현하는 것과 같아서 하나의 진실한 부처님의 몸에 응신과 화신이 수없이 많기에 그런 까닭으로 걸림이 없다는 것이다.

다음에 한 게송은 모든 모습과 두 가지 법이 걸림이 없는[72] 것이니, 모든 모습이 없는 가운데 모든 모습을 나타내며 두 가지 법이 없는 가운데 두 가지 법을 나타내지만 보리의 자체는 능소를 끊었기에[73]

---

71 한꺼번에 밝힌다고 한 것은 한 부처님의 몸이 아래 두 가지 법이 없고 모습이 없는 법성법신法性法身을 모두 섭수하는 까닭이니, 여기 처음 게송은 한꺼번에 밝힌 것이고 아래 게송은 따로 밝힌 것이다. 역시 『잡화기』의 말이다.

72 모든 모습(相)과 두 가지 법(二)이 걸림이 없다고 한 것은 모습과 더불어 모습이 없는 것이 걸림이 없고, 두 가지 법과 더불어 두 가지 법이 없는 것이 걸림이 없다는 것이다. 역시 『잡화기』의 말이다.

73 보리의 자체는 능소를 끊었다 운운한 것은 비록 다만 두 가지 법이 없는 것과 그리고 두 가지 법만 해석한 것 같지만 또한 이것은 모습이 없는 것과 그리고 모습을 겸하여 해석한 것이니, 법신의 자체는 능소를 끊었기에 그런

그런 까닭으로 말하기를 두 가지 법이 없다 하였고, 모든 모습은 몸을 의지하여 있기에 이에 곧 두 가지 법이 있다 하였다.
그러나 모든 모습과 두 가지 법이 상대하여[74] 응당 네 구절을 이루어야 할 것[75]이지만 생략하여 한 구절만 거론하였으니
두 가지 법이 없는 가운데 두 가지 법을 나타낸다고 한 것은 곧 한 법에 수많은 법을 나타낸 것이니,
내지 백천 가지 법이라도 또한 두 가지 법이라고 이름하는 까닭이다.

다음에 게송은 자성을 의지하여 생기함을 나타낸 것이니,
생기하는 것이 자성과 다르지 않기에 그런 까닭으로 환과 같이

까닭으로 모습이 없고 모습은 몸을 의지하여 있기에 이 모습이 있는 것이다. 역시 『잡화기』의 말이다.

74 모든 모습과 두 가지 법이 상대한다고 한 것은 또한 모습이 없는 것과 두 가지 법이 없는 것으로 더불어 상대한 것이요, 바로 아래 두 가지 법이 없는 가운데 두 가지 법을 나타낸다고 한 것은 이것은 제 두 번째 게송 가운데 첫 번째 구절(보리무이법菩提無二法)이니, 제 두 번째 구절은 응당 두 가지 법이 곧 두 가지 법이 없다 말할 것이다. 제 세 번째 구절은 함께 있고 제 네 번째 구절은 함께 없는 것이다. 모든 모습을 잡은 가운데 처음 구절은 경문에 이미 거론하였으니 그 뒤에 세 구절도 또한 위에 구절을 기준하여 자연히 상대를 지을 것이니, 모습(相)이라고 한 것은 상相이고 두 가지 법이라고 한 것은 숫자이기에 그런 까닭으로 잡은 바가 다름이 있을지언정 기실은 모습이 있는 까닭으로 두 가지 법이 있고, 모습이 없는 까닭으로 두 가지 법이 없는 것이라고 『잡화기』는 말한다.

75 원문에 응성사구應成四句라고 한 것은 무상無相에 현상現相과 현상現相에 무상無相과 현이現二에 무이無二와 무이無二에 현이現二이다.

끝이 없다 하였다.

뒤에 게송은 법신을 좇아 유출한 것이니,
삼세에 부처님을 거론하여 도가 같음을 나타낸 것이다.

經

如來不念言　我作如是身하고
自然而示現하야 未嘗起分別하니다

여래는 내가
이와 같은 몸을 짓는다고 생각하여 말하지 않고
자연스레 시현하여
일찍이 분별을 일으키지 아니하십니다.

疏

二에 拂能化心中에 謂如摩尼珠가 無私成事故니라

두 번째 능히 변화하는 마음을 떨치는 가운데 말하자면 마니주가 사심 없이 일을 이루는 것과 같은 까닭이다.

經

法界無差別하며 亦無所依止나
而於世間中에 示現無量身하니다

법계는 차별이 없으며
또한 의지하는 바도 없지만
그러나 세간 가운데
한량없는 몸을 시현하십니다.

疏

三에 一偈는 拂所依니 謂上無二無相이라한 法性法身이 卽是法界라 法界는 本自無差며 亦無定有爲化依止나 由無依無別일새 故爲依爲別하나니 故下文云호대 虛空雖無所依나 能令三千世界로 而得安住케하며 如空無色이나 而能顯現一切諸色이라하니라

세 번째 한 게송은 의지하는 바를 떨치는 것이니,
말하자면 위에[76] 두 가지 법이 없고 모든 모습이 없다 한 법성과 법신이 곧 이 법계이다.
법계는 본래 스스로 차별이 없으며 또한 결정코 변화하고 의지하는 바가 없지만 의지함도 없고 차별함도 없음을 인유하기에 그런 까닭

76 위에라고 한 것은 영인본 화엄 7책, p.406, 6행이다.

으로 의지함이 있기도 하고 차별함이 있기도 하나니,
그런 까닭으로 아래 경문에 말하기를 허공은 비록 의지하는 바가 없지만 능히 삼천세계로 하여금 안주함을 얻게 하며,
허공은 색상이 없지만 능히 일체 모든 색상을 나타내는 것과 같다 하였다.

經

佛身非變化며 亦復非非化나
於無化法中에 示有變化形하니다

부처님의 몸은 변화하는 것도 아니며
또한 다시 변화하지 않는 것도 아니지만
변화함이 없는 법 가운데
변화함이 있는 형상을 시현하십니다.

疏

四에 一偈는 雙融自在라 言非非化者는 此有二義하니 一은 假非化하야 以遣化언정 非謂是非化니라 則上半은 約體絶待요 下半은 依體起用이라 二는 不礙化故니 然眞化無二하야 融爲一身이나 不壞體用이 名依眞起니라 依眞起者는 則報亦依眞이언정 非謂三身에 獨一是化니라

네 번째 한 게송은 함께 융합하여 자재한 것이다.
변화하지 않는 것도 아니라고 말한 것은 여기에 두 가지 뜻이 있나니 첫 번째는 변화하지 아니함을 가자하여 변화하는 것을 보낸다는 것일지언정 변화하지 아니함을 말한 것은 아니다.
곧 위에 반 게송은 자체가 상대相待를 끊은 것을 잡은 것이요 아래 반 게송은 자체를 의지하여 작용을 일으키는 것이다.

두 번째는 변화함에 걸리지 않는 까닭이니,
그러나 진신과 화신이 둘이 없어서 융합하여 한 몸이 되지만 자체와 작용을 무너뜨리지 않는 것이 이름이 진신을 의지하여 화신을 일으키는 것이다.
진신을 의지하여 화신을 일으킨다고 한 것은 곧 보신도 또한 진신을 의지한다는 것일지언정 삼신三身에 유독 한 몸만이 화신임을 말한 것은 아니다.

鈔

非謂是非化者는 此一向是遮니 卽拂跡入玄耳니라 故昔人云호대 我言非有者는 但言非是有언정 非謂是非有라하니 如人夜見於杌하고 謂之爲人이라하거든 智者告言호대 此非是人이라하면 但非其心中計人이라한것이어늘 愚人聞之하고 便謂此杌은 是於非人이라하면 非人卽鬼리라하니라 故人執雖無나 鬼執卽起일새 故爲惑耳니라 故下釋云호대 上半絶待는 則化與非化를 兩亡이요 二不礙化故者는 卽重釋亦復非非化니 此卽以化로 遣於非化니 則上句非變化者는 卽是眞身故요 亦復非非化者는 有化用故니라 前釋에 上半是體요 下半是用이어니와 今此則上半은 自具體用이니 依於後義하야 廣釋經文하니라 於中二니 先은 總明이라 然約三身인댄 自有多義하니 一은 法報合하야 爲眞身이며 應化合하야 爲化身이요 二는 法身이 以爲眞身이며 報應이 皆爲化身이니 今依此義할새 故云非謂三身에 獨一是化라하니라

변화하지 아니함을 말한 것은 아니라고 한 것은 이것은 한결같이 막는 것이니,

곧 자취를 떨치고 현묘함에 들어가는 것이다.

그런 까닭으로 옛날 사람이 말하기를 내가 있지 않다고 말한 것은 다만 있지 않다고 말한 것일지언정 있는 것이 아니라고 말한 것은 아니다 하니,

마치 어떤 사람이 밤중에 등걸(杌)[77]을 보고 그 등걸을 사람이라 말하거든, 지혜로운 사람은 일러 말하기를 이것은 사람이 아니다 하면 다만 그 마음 가운데 계교한 사람을 아니라 한 것이어늘, 어리석은 사람은 그 말을 듣고 곧 말하기를 이 등걸은 이 사람이 아니라 한다면 사람이 아니라고 한 것은 곧 귀신일 것이다 한 것과 같다.

그런 까닭으로 사람에 대한 집착은 비록 없어졌지만 귀신에 대한 집착이 도리어 일어났기에 그런 까닭으로 미혹함이 되는 것이다.

그런 까닭으로 아래 해석[78]하여 말하기를 위에 반 게송은 상대를 끊었다고 한 것은 곧 변화하는 것과 더불어 변화하지 않는 것을 함께 잃는 것이요

두 번째는 변화함에 걸리지 않는 까닭이라고 한 것은 곧 또한 다시 변화하지 않는 것도 아니라고 한 것을 거듭 해석한 것이니,

---

77 杌은 '등걸 올' 자이다.

78 원문에 下釋이란, 비위시비화非謂是非化라 한 아래이다.

이것은 곧 변화하는 것으로써 변화하지 않는 것을 보내는 것이니 곧 위에 구절에 변화하는 것도 아니라고 한 것은 곧 진신인 까닭이요 또한 다시 변화하지 않는 것도 아니라고 한 것은 화신의 작용이 있는 까닭이다.

앞의 해석[79]에 위에 반 게송은 이것은 자체요
아래 반[80] 게송은 이것은 작용이거니와
지금 여기[81]에 위에 반 게송은 스스로 자체와 작용을 갖춘 것이니,
뒤에 뜻[82]을 의지하여 경문을 폭넓게 해석하였다.
그 가운데 두 가지가 있나니
먼저는 한꺼번에 밝힌 것이다.
그러나 삼신三身[83]을 잡는다면 스스로 수많은 뜻이 있나니
첫 번째는 법신과 보신이 합하여 진신이 되는 것이며
응신과 화신이 합하여 화신이 되는 것이요
두 번째는 법신이 진신이 되는 것이며
보신과 응신이 다 화신이 되는 것이니[84]

---

79 원문에 前釋은 二義 가운데 第一義에 上半은 약체절대約體絶待라 한 것이다.

80 원문에 下半은 下半은 의체기용依體起用이라 한 것이다.

81 원문에 今此는 第二義에 불애화고不碍化故라 한 것이다.

82 원문에 後義는 第二義인 不碍化故이다.

83 원문에 정신正身이라 한 正 자는 三 자가 옳다.

84 원문에 응화합위화신應化合爲化身은 『금광명경金光明經』에 응신應身을 열어 응신應身과 화신化身을 삼은 까닭으로 지금 여기서 이 뜻을 따라 응신應身과 화신化身을 합하여 화신化身이 된다 하였다. 응화신應化身은 삼신三身으로

지금에는 이 뜻을 의지하기에 그런 까닭으로 말하기를 삼신에 유독 한 몸만이 화신임을 말한 것은 아니다 하였다.

疏

且依眞起化이 略有二門하니 一은 開義요 二는 融合이라

또 진신을 의지하여 화신을 일으키는 것이 간략하게 두 가지 문이 있나니
첫 번째는 뜻을 여는 것이요
두 번째는 융합하는 것이다.

鈔

且依眞下는 第二에 開章別釋이라

또 진신을 의지한다고 한 아래는 제 두 번째 문장을 열어 따로 해석한 것이다.

보면 화신에 속하나니, 말하자면 장육금신丈六金身이고, 화신化身은 중생衆生의 유형類形을 따라 변화하는 몸이니, 육도중생六道衆生의 유형類形을 따라 몸을 나타내는 것이다.

疏

初中眞應이 各有二義하니 一에 眞中一은 不變義니 謂雖化나 而常湛然이니 初句顯之요 二는 隨緣義니 謂不守自性하야 無不現故니 故云亦復非非化라하니라 二에 約化中一은 無體卽空義니 謂攬緣無性일새 故云於無化法中이요 二는 從緣幻有義니 故云示有變化形이라하니라

처음 뜻을 여는 가운데[85] 진신과 응신이 각각 두 가지 뜻이 있나니
첫 번째[86] 진신 가운데 첫 번째는 변하지 않는 뜻이니,
말하자면 비록 변화하지만 항상 담연한 것이니
처음 구절에 나타난 것이요
두 번째는 인연을 따르는 뜻이니,
말하자면 자성을 지키지 아니하여 나타나지 아니함이 없는 까닭이니
그런 까닭으로 말하기를 또한 다시 변화하지 않는 것도 아니다 하였다.

두 번째 화신을 잡은 가운데 첫 번째는 자체가 없어 곧 공한 뜻이니,
말하자면 인연을 잡음에 자성이 없기에 그런 까닭으로 말하기를
변화함이 없는 법 가운데라고 한 것이요
두 번째는 인연을 좇아 환으로 있는 뜻이니,

85 원문 初中이라 한 初 자 아래에 開義 두 글자가 鈔文엔 있다.

86 원문 二義 아래에 一 자가 있어야 한다.

그런 까닭으로 말하기를 변화함이 있는 형상을 시현한다 하였다.

鈔

初開義中에 言各二義者는 卽眞同眞如하고 化同依他하니라 各有二義는 更無別也니 如前已釋하니라 但前通相으로 說眞如依他하고 今就佛身하야 以說二義하니라 謂攬緣無性者는 則知報身도 亦緣成義耳니라

처음 뜻을 여는 가운데 각각 두 가지 뜻이 있다고 말한 것은 곧 진신은 진여와 같고 화신은 의타와 같다.
각각 두 가지 뜻이 있다고 한 것은 다시 다른 뜻이 없나니, 앞에서 이미 해석한 것과 같다.[87]
다만 앞[88]에서는 통상으로 진여와 의타를 설하였고, 지금에는 불신에 나아가[89] 두 가지 뜻을 설한 것이다.

말하자면 인연을 잡음에 자성이 없다고 한 것은 곧 보신도 또한 인연으로 이루어진다는 뜻인 줄 알아야 할 것이다.

---

87 원문에 여전이석如前已釋은 소문疏文에 眞中에 一은 불변不變이고, 二는 수연隨緣이라 한 二義이다.

88 원문에 단전但前이라 한 前은 眞中에 二義이다.

89 원문에 금취今就라 한 今은 化中에 二義이다.

疏

二融合中에 亦二義니 一은 眞化別合이요 二는 眞化融通이라 初中에 由眞中隨緣이 卽不變故니 是故로 亦眞亦非眞이며 非眞非不眞이 名眞法身이요 化中體空이 卽幻有故니 是故로 亦化亦非化며 非化非不化가 名爲佛化身이라 二에 融通者는 謂由眞不變하야 顯化體空이니 此眞不無며 化不有로 以爲法身이나 而不無化用이니 以有化中에 空義故요 又由眞隨緣하야 顯化幻有니 此是化不無며 眞不有로 以爲化身이나 而不無眞理니 以有眞中에 隨緣義故요 又由隨緣幻有가 不異不變體空故니 是故로 現化紛然이나 未嘗不寂하고 眞性湛然이나 未曾不化니라 眞化鎔融하야 爲一無礙淸淨法界니 宜審思之니라

두 번째 융합하는 가운데 또한 두 가지 뜻이 있나니
첫 번째는 진신과 화신을 따로 합한 것이요
두 번째는 진신과 화신을 융통한 것이다.
처음 가운데는 진신[90] 가운데 인연을 따르는 것이 곧 변하지 않는 것을 인유한 까닭이니,
이런 까닭으로 또한 진신이기도 하고 또한 진신이 아니기도 하며,
진신이 아니기도 하고 진신이 아니기도 아니한 것이 이름이 진실한 법신이요

---

90 원문에 유진由眞이라 한 由 자는 두 곳에서 번역할 것이니 불변不變 아래와 환유幻有 아래이다.

화신 가운데 자체가 공한 것이 곧 환으로 있는 것을 인유한 까닭이니,
이런 까닭으로 또한 화신이기도 하고 또한 화신이 아니기도 하며,
화신이 아니기도 하고 화신이 아니기도 아니한 것이 이름이 부처님의 화신이 되는 것이다.

두 번째 진신과 화신을 융통한 것이라고 한 것은 말하자면 진신의 변하지 않는 것을 인유하여 화신의 자체가 공한 것을 나타내는 것이니,
이것은 진신이 없지 아니하며 화신이 있지 않는 것으로 법신을 삼지만 그러나 화신의 작용이 없지 않는 것이니 화신 가운데 공의 뜻이 있는 까닭이요
또 진신의 인연을 따르는 것을 인유하여 화신의 환으로 있는 것을 나타낸 것이니,
이것은 화신이 없지 아니하며 진신이 있지 않는 것으로 화신을 삼지만 그러나 진실한 이치가 없지 않는 것이니 진신 가운데 인연을 따르는 뜻이 있는 까닭이요
또 인연을 따라 환으로 있는 것이 변하지 않는 자체가 공한 것과 다르지 아니함을 인유한 까닭이니,
이런 까닭으로 변화를 나타내는 것이 분연紛然하지만 일찍이 고요하지 아니한 적이 없고 진성이 담연하지만 일찍이 변화하지 아니한 적이 없다.
진신과 화신이 녹아내려 융합하여 하나의 걸림 없는 청정한 법계가 되나니,
마땅히 살펴 생각할 것이다.

鈔

二融合等者에 眞化別合者는 卽眞如上에 二義自合이요 依他上에 二義自合耳니 各成四句니라 且眞中四者는 一은 眞이요 二는 非眞이요 三은 俱요 四는 泯이니 以前二義는 易故不明하며 又是合故로 不開하고 但明後二句하니라 化中二義도 亦然하니라 二에 融通者는 卽將眞如二義와 與依他二義하야 互相收攝耳니라 文有四節하니 前二節은 明四義交絡相融이요 三은 復融上二요 四에 眞化鎔融下는 結成一味法界라 四中一은 取眞如不變義와 與依他體空義合이니 由在緣不變일새 故顯體空이니 體空卽眞如니라 此卽眞理奪事일새 故眞不無니 不變體空이 卽是眞空이니라 化不有者는 依他全體空故니라 二에 又由眞隨緣下는 取眞上隨緣과 與依他幻有合이니 此卽眞理成事門일새 故化不無요 以能成事일새 故眞不有니 擧體隨緣故니라 又上二義에 第一은 合得事能顯理門일새 故云不無化用이니 以有化中空義故라하니 由化卽空일새 故能顯이니라 第二義中에 兼得事能隱理門일새 故云不無眞理니 但隨緣耳라하니라 又由隨緣幻有下는 第三에 總融上二니 以前各別合中에 二義已融거니와 今復眞化를 互合故니라

두 번째 융합하는 가운데라고 한 등에 진신과 화신을 따로 합한다고 한 것은 곧 진여의 분상에 두 가지 뜻[91]이 스스로 합한 것이요

91 원문에 진여상이의眞如上二義란, 진여眞如는 영인본 화엄 7책, p.410, 末行에 眞身은 同眞如요 化身은 同依他라 하였다. 二義는 不變과 隨緣이다.

의타기의 분상에 두 가지 뜻[92]이 스스로 합한 것이니
각각 네 구절을 이루는 것이다.
또 진신 가운데 네 구절은 첫 번째는 진신이요,
두 번째는 진신이 아니요,
세 번째는 또한 진신이기도 하고 또한 진신이 아니기도 한 것이요,
네 번째는 진신이 아니기도 하고 진신이 아니기도 아니한 것이니,
앞에 두 가지 뜻은 쉬운 까닭으로 밝히지 아니하였으며 또 합한 까닭으로 열지 않고 다만 뒤에 두 가지만 밝혔을 뿐이다.
화신 가운데 두 가지 뜻[93]도 또한 그러한 것이다.

두 번째 진신과 화신을 융통한 것이라고 한 것은 곧 진여의 두 가지 뜻과 더불어 의타의 두 가지 뜻을 가져 서로서로 거두는 것이다.
소문에 사절四節이 있으니
앞에 이절二節은 네 가지 뜻이 서로 잇고 서로 융합함을 밝힌 것이요
제 삼절은 다시 위에 이절二節을 융합한 것이요
제 사절에 진신과 화신이 녹아내려 융합한다고 한 아래는 한맛의 법계를 맺어서 성립한 것이다.

사절 가운데 첫 번째는 진여의 변하지 않는 뜻과 더불어 의타의 자체가 공한 뜻을 취하여 합한 것이니,

---

92 원문에 의타상이의依他上二義란, 체공體空과 환유幻有이다.

93 원문에 화중이의化中二義란, 眞中에 二義가 있듯이 化中에 二義가 있고, 眞中에 四句가 있듯이 化中에 四句가 있다는 것이다.

인연이 변하지 아니함에 있음을 인유하기에 그런 까닭으로 자체가 공함을 나타낸 것이니 자체가 공한 것이 곧 진여이다.
이것은 곧 진리가 사실을 빼앗기에 그런 까닭으로 진리가 없지 않는 것이니,
변하지 않는 것과 자체가 공한 것이 곧 진공인 것이다.
화신이 있지 않다고 한 것은 의타가 전체가 공한 까닭이다.

두 번째 또 진신의 인연을 따르는 것을 인유하였다고 한 아래는 진여의 분상에 인연을 따르는 것과 더불어 의타의 환으로 있는 것을 취하여 합한 것이니,
이것은 진리가 사실을 이루는 문(眞理成事門)이기에 그런 까닭으로 화신이 없지 않는 것이요
능히 사실을 이루기에 그런 까닭으로 진신이 있지 않는 것이니,
전체가 인연을 따르는 까닭이다.
또 위에 두 가지 뜻에 제일 첫 번째 뜻[94]은 사실이 능히 진리를 나타내는 문을 합하여 얻기에[95] 그런 까닭으로 말하기를 화신의 작용이 없지 않는 것이니 화신 가운데 공의 뜻이 있는 까닭이다 하였으니
화신이 곧 공을 인유하기에 그런 까닭으로 능히 나타내는 것이다.

---

94 第一義는 第一節이니 초문鈔文으로는 영인본 화엄 7책, p.412, 末行 四中에 一은 취진여取眞如 운운이다.

95 원문에 합득合得이란, 본래는 은리문隱理門과 현리문顯理門도 合得하였다는 것이다.

제 두 번째 뜻[96] 가운데 사실이 능히 진리를 숨기는 문을 겸하여 얻기에[97] 그런 까닭으로[98] 말하기를 진리가 없지 않는 것이니 다만 인연을 따를 뿐[99]이다 하였다.

또 인연을 따라 환으로 있는 것이 변하지 않는 자체가 공한 것과 다르지 아니함을 인유한 까닭이라고 한 아래는 제 세 번째[100] 위에 두 가지 뜻[101]을[102] 모두 융합한 것이니,

앞에 진신과 화신을 따로 합한 가운데 두 가지 뜻을 이미 융합하였거니와, 지금[103]에 다시 진신과 화신을 서로 융합하는 까닭이다.

---

96 第二義는 第二節이니 초문으로는 영인본 화엄 7책, p.413, 3행에 二는 취진상수연取眞上隨緣 운운이다.

97 원문에 겸득兼得이란, 본래는 顯理門과 隱理門도 兼得하였다는 것이다.

98 원문에 고고故故 두 글자 중 뒤의 故 자는 衍이다.

99 원문에 단수연但隨緣이란, 영인본 화엄 7책, p.412, 初行에 이유진중以有眞中수연의고隨緣義故를 義引한 것이다.

100 三은 第三節이다.

101 원문에 상이의上二義는 第一節과 第二節이다.

102 두 가지 뜻이라 운운한 것은 이 위에는 곧 진신과 화신을 따로 합하였고, 지금에는 곧 진신과 화신을 한꺼번에 합한 까닭으로 다름을 말하는 것이다.

103 지금이란, 二에 진화융통眞化融通이다.

經

正覺不可量하며 法界虛空等하며
深廣無涯底하야 言語道悉絶하니다

如來善通達하사 一切處行道나
法界衆國土에 所往皆無礙하니다

정각은 가히 헤아릴 수 없으며
법계와 허공계와 같으며
깊고 넓어 끝도 밑도 없어서
언어의 길이 다 끊어졌습니다.

여래는 잘도 통달하여
일체 처소에 도를 행하시지만
법계의 수많은 국토에
가는 곳마다 다 걸림이 없으십니다.

疏

第三에 二偈는 雙結釋中에 前偈는 結歸於體니 謂智冥眞境하야 等法界故로 深無底하고 等虛空故로 廣無涯하니 皆絶言道하야 爲不可量이라 後偈는 擧因釋成所以니 法界無礙者는 智行遍故니라

제 세 번째 두 게송은 함께 맺어 해석[104]하는 가운데 앞에 게송은 자체에 귀결한 것이니,

말하자면 지혜가 진여의 경계에 명합하여 법계와 같은 까닭으로 깊어서 밑이 없고 허공계와 같은 까닭으로 넓어서 끝이 없나니, 다 언어의 길이 끊어져서 가히 헤아릴 수 없는 것이다.

뒤에 게송은 원인을 들어 그 까닭을 해석하여 성립한 것이니 법계의 국토에 걸림이 없다고 한 것은 지혜와 행이 두루한 까닭이다.

104 원문에 쌍결석雙結釋이라고 한 것은 初偈에 심광深廣을 쌍결雙結하여 後偈에 화신化身을 해석한 것이니, 위에서는 쌍결석화雙結釋化라 하였다.

經

爾時에 智幢菩薩이 承佛神力하야 普觀十方하고 而說頌言호대

그때에 지당보살이 부처님의 위신력을 받아 널리 시방을 관찰하고 게송을 설하여 말하기를

疏

第五에 東北方은 於佛寂用之境에 決斷無礙故며 又智導萬行하야 出生無盡일새 故名智幢이라

제 다섯 번째 동북방 보살은 부처님의 적체와 작용의 경계에 결단하여 걸림이 없는 까닭이며
또 지혜로 만행을 인도하여 끝없이 출생하기에 그런 까닭으로 지당[105]이라 이름하는 것이다.

---

105 幢 자 아래에 故 자는 없는 것이 좋다.

經

若人能信受　　一切智無礙하야
修習菩提行하면 其心不可量이니다

만약 어떤 사람이 능히
일체 지혜의 걸림이 없음을 믿고 받아
보리의 행을 닦아 익힌다면
그 마음은 가히 헤아릴 수 없을 것입니다.

疏

頌中에 多歎如來의 應現出生하는 無盡無礙之德이라 十頌分二리니 初一은 標章勸信이니 信有修行之益이라

게송 가운데 다분히 여래가 응현應現하여 출생하는 끝도 없고 걸림도 없는 공덕을 찬탄한 것이다.
열 게송을 두 가지로 나누리니
처음에 한 게송은 문장을 표하여 믿기를 권한 것이니,
믿으면 수행의 이익이 있다는 것이다.

經

一切國土中에 普現無量身이나
而身不在處하며 亦不住於法하니다

일체 국토 가운데
널리 한량없는 몸을 나타내시지만
그러나 그 몸은 처소에 있지도 않으며
또한 법에 머물지도 않으십니다.

疏

後九는 所信勝德이라 於中分二리니 初一總이요 餘八別이라 總中上半은 用而無盡이요 下半은 寂而無住라 不著應處하며 不住法體는 卽本末雙寂也니 通爲寂用無礙니라

뒤에 아홉 게송은 믿는 바의 수승한 공덕이다.
그 가운데 두 가지로 나누리니
처음에 한 게송은 총게總偈요
나머지 여덟 게송은 별게別偈이다.

총게 가운데 위에 반 게송은 작용이 다함이 없는 것이요
아래 반 게송은 적체가 머물지 않는 것이다.
응할 곳에도 집착하지 않으며 법의 자체에도 머물지 않는 것은

곧 근본과 지말이 함께 고요한 것이니,

모두 적체와 작용이 걸림이 없는 것이 되는 것이다.

經

一一諸如來가 神力示現身은
不可思議劫에 算數莫能盡이니다

三世諸衆生은 悉可知其數어니와
如來所示現은 其數不可得이니다

낱낱 모든 여래가
위신력으로 시현하시는 몸은
가히 사의할 수 없는 세월에
계산하고 헤아려도 능히 다할 수 없습니다.

삼세에 모든 중생의 수는
다 가히 그 수를 알 수 있거니와
여래가 시현하시는 바는
그 수를 가히 얻을 수 없습니다.

疏

別中二니 初二는 明無盡이니 一一衆生前에 能現無盡身일새 故衆生可知어니와 佛不可數니라

별게 가운데 두 가지가 있나니

처음에 두 게송은 끝이 없음을 밝힌 것이니,

날날 중생 앞에 능히 끝이 없는 몸을 시현하기에 그런 까닭으로 중생의 수는 가히 알 수 있거니와 부처님의 수는 가히 헤아릴 수 없는 것이다.

經

或時示一二와　乃至無量身하사
普現十方刹이나 其實無二種하니다

譬如淨滿月이　普現一切水에
影像雖無量이나 本月未曾二인달하야

如是無礙智로　成就等正覺하야
普現一切刹이나 佛體亦無二하니다

非一亦非二며　亦復非無量이나
隨其所應化하야 示現無量身하니다

혹 어떤 때는 한 몸과 두 몸과
내지 한량없는 몸을 시현하여
널리 시방의 국토에 나타내시지만
그 실은 두 가지 몸이 없습니다.

비유하자면 맑고 둥근 달이
널리 일체 물에 나타남에
달의 그림자는 비록 한량이 없지만
본래의 달은 일찍이 둘이 없는 것과 같아서

이와 같이 걸림이 없는 지혜로
등정각을 성취하여
널리 일체 국토에 나타나시지만
부처님의 자체는 또한 둘이 없습니다.

한 몸도 아니고 또한 두 몸도 아니며
또한 다시 한량없는 몸도 아니지만
그 중생들이 응당 교화 받을 바를 따라서
한량없는 몸을 시현하십니다.

疏

後六은 明無礙라 於中三이니 初四는 一異無礙며 亦是本末無礙니
一은 法이요 二는 喩요 三은 合이요 四는 釋이라

뒤에 여섯 게송은 걸림이 없음을 밝힌 것이다.
그 가운데 세 가지가 있나니
처음에 네 게송은 하나와 다른 것이 걸림이 없는 것이며 또한 근본과 지말이 걸림이 없는 것이니
첫 번째 게송은 법이요
두 번째 게송은 비유요
세 번째 게송은 법과 비유를 합한 것이요
네 번째 게송은 해석한 것이다.

經

佛身非過去며　亦復非未來나
一念現出生하고 成道及涅槃하니다

부처님의 몸은 과거도 아니며
또한 다시 미래도 아니지만
한 생각에 출생하고
성도하고 그리고 열반하심을 나타내십니다.

疏

次一偈는 延促無礙라

다음에 한 게송은 길고 짧은 것이 걸림이 없는 것이다.

經

如幻所作色이　無生亦無起인달하야
佛身亦如是하야 示現無有生하니다

환술로 만든 바 색신이
생긴 적도 없고 또한 떠난[106] 적도 없는 것과 같아서
부처님의 몸도 또한 이와 같아서
시현하시지만 생기한 적이 없습니다.

疏

後一偈는 性相無礙라

뒤에 한 게송은 자성과 모습이 걸림이 없는 것이다.

---

106 여기서 기起 자는 기신起身의 뜻으로 몸이 떠난다는 뜻이다.

經

爾時에 寶幢菩薩이 承佛神力하야 普觀十方하고 而說頌言호대

그때에 보당보살이 부처님의 위신력을 받아 널리 시방을 관찰하고 게송을 설하여 말하기를

疏

第六에 東南方菩薩은 以圓淨智로 照平等理나 不礙應現하며 隨順一切가 如摩尼寶일새 故名寶幢이라

제 여섯 번째 동남방 보살은 원만하고 청정한 지혜로써 평등한 진리를 비추지만 응현應現함에 걸리지 아니하며, 일체를 수순하는 것이 마치 마니 보배와 같기에 그런 까닭으로 보당이라 이름하는 것이다.

經

佛身無有量이나 能示有量身하야
隨其所應覩하야 導師如是現하니다

佛身無處所나 充滿一切處가
如空無邊際하야 如是難思議하니다

부처님의 몸은 한량이 없지만
능히 한량이 있는 몸을 시현하여
그 중생들이 응당 볼 바를 따라
도사가 이와 같이 시현하십니다.

부처님의 몸은 처소가 없지만
일체 처소에 충만한 것이
마치 허공이 끝이 없는 것과 같아서
이와 같이 사의하기가 어렵습니다.

疏

頌中엔 多顯平等超世之德이라 十頌分二리니 前五는 總顯難思요 後五는 逈超時數라 前中初二는 正明이니 前一은 超量現量이요 後一은 超處遍處라 故出現品云호대 譬如虛空이 遍至一切色과 非色處等이라하니라 如是難思는 雙結上二라

게송 가운데는 다분히 평등하게 세간을 초월한 공덕을 나타낸 것이다.
열 게송을 두 가지로 나누리니
앞에 다섯 게송은 모두 사의하기 어려운 것을 나타낸 것이요
뒤에 다섯 게송은 멀리 시간과 수數[107]를 초월한 것이다.
앞의 사의하기 어려운 가운데 처음에 두 게송은 바로 밝힌 것이니
앞에 한 게송은 한량을 초월하여 한량을 나타낸 것이요
뒤에 한 게송은 처소를 초월하여 처소에 두루한 것이다.
그런 까닭으로 여래출현품에 말하기를 비유하자면 허공이 일체 색처와 비색처에 두루 이른다고 한 등이다 하였다.

이와 같이 사의하기 어렵다고 한 것은 위에 두 가지를 함께 맺는 것이다.

107 원문에 수數는 유위有爲의 數이다.

經

非心所行處일새 心不於中起니
諸佛境界中엔 畢竟無生滅하니다

如翳眼所覩는 非內亦非外인달하야
世間見諸佛도 應知亦如是리다

饒益衆生故로 如來出世間하시니
衆生見有出이나 而實無興世하니다

마음으로 행할 바 처소가 아니기에
마음이 그 가운데 일어나지 않나니
모든 부처님의 경계 가운데는
필경에 생겨나고 사라지는 것이 없습니다.

마치 병든 눈[108]으로 보는 바는
안도 아니고 또한 바깥도 아닌 것과 같아서
세간에서 모든 부처님을 친견하는 것도
응당 또한 이와 같은 줄 알아야 할 것입니다.

중생을 넉넉히 이익케 하려는 까닭으로

---

108 원문에 예안翳眼은 병이 나서 눈이 흐린 것이다.

여래가 세간에 출흥하시니
중생은 출흥함이 있음을 보지만
그러나 진실로 세간에 출흥한 적이 없으십니다.

疏

後三은 展轉釋成이라 初云호대 何以難思고 若身若處가 非生滅心의 行之境故니라 何以非心境고 佛自不起心故니라 何以不起고 體無生滅故니라 若爾인댄 何以現見고 次偈釋云호대 病眼所覩는 取色分齊니 勿謂爲實이어다 次疑云호대 若爾인댄 豈無如來가 出現世耶아 次偈釋云호대 自機見耳라하니 上三句는 以應就感하야 衆生謂出이요 末句는 旣因物感인댄 出卽非出일새 名實不出이라 故로 諸法無行經云호대 如來不出世하며 亦不度衆生이언만 衆生强分別하야 作佛度衆生이라하니 旣無有出거니 安有沒耶아 上三에 亦初一은 超心行이요 次一은 超內外요 後一은 超出沒이라

뒤에 세 게송은 전전히 해석하여 성립한 것이다.
처음에 말하기를 무슨 까닭으로 사의하기 어렵다 하는가.[109]
혹 몸과 혹 처소가 생겨나고 사라지는 마음으로 행하는 경계가 아닌 까닭이다.
무슨 까닭으로 마음의 경계가 아니라 하는가.[110]

109 원문에 하이난사何以難思는 영인본 화엄 7책, p.417, 4행에 여시난사如是難思라 한 것이다..

부처님이 스스로 마음을 일으키지 않는 까닭이다.
무슨 까닭으로 일으키지 않는다 하는가.[111]
자체가 생겨나고 사라지는 것이 없는 까닭이다.
만약 그렇다면 무슨 까닭으로 현재 보는가.
다음 게송에 해석하여[112] 말하기를 병든 눈으로 보는 바라고 한 것은 색상의 분제를 취한 것이니,
진실이 된다 말하지 말 것이다.

다음에 의심하여 말하기를 만약 그렇다면 어찌하여 여래가[113] 세간에 출현한 적이 없다 하는가.
다음 게송에 해석하여 말하기를 스스로 중생이 볼 뿐이다[114] 하였으니 위에 세 구절은 응함으로써 감동[115]케 함에 나아가 중생이 출흥한다 말하는 것이요
끝 구절은 이미 중생이 감동케 함을 인유하였다면 출흥하는 것이 곧 출흥하는 것이 아니기에 진실로 출흥한 적이 없다 이름한 것이다.
그런 까닭으로 『제법무행경』에 말하기를 여래가 세간에 출흥한 적도 없으며 또한 중생을 제도한 적도 없건만 중생이 억지로 분별하

---

110 원문에 하이비심경何以非心境은 영인본 화엄 7책, p.417, 9행 初句이다.
111 원문에 하이불기何以不起는 영인본 화엄 7책, p.417, 9행 二句이다.
112 원문에 차게석次偈釋은 영인본 화엄 7책, p.417, 末行 게송을 意引한 것이다.
113 원문에 기무여래豈無如來 운운은 영인본 화엄 7책, p.418, 初行 末句이다.
114 원문에 자기견이自機見耳는 영인본 화엄 7책, p.418, 初行 第三句이다.
115 응應은 불佛이고, 감感은 중생衆生이다.

여 부처님이 중생을 제도하신다 하였으니,

이미 출흥한 적이 없거니 어찌 사라진 적이 있겠는가.

위에 세 게송에 또한 처음에 한 게송은 마음으로 행하는 것을 초월한 것이요

다음에 한 게송은 안과 밖을 초월한 것이요

뒤에 한 게송은 출흥하고 사라짐을 초월한 것이다.

經

不可以國土와　晝夜而見佛하나니
歲月一刹那에도 當知悉如是하니다

가히 국토와
밤과 낮으로 부처님을 볼 수 없나니
한 해와 한 달과 한 찰나에도
마땅히 다 이와 같은 줄 알아야 할 것입니다.

疏

後五偈는 逈超時數나 而現時數라 於中에 初一偈는 結前標後니 國土는 結前處故니라

뒤에 다섯 게송은 멀리 시간과 수를 초월하였지만 시간과 수를 나타낸 것이다.
그 가운데 처음에 게송은 앞에 말을 맺고 뒤에 말을 표한 것이니, 국토라고 한 것은 앞에 처소를 맺는 까닭이다.

經

衆生如是說호대 某日佛成道라하나
如來得菩提는 實不繫於日하니다

如來離分別하야 非世超諸數하시니
三世諸導師가 出現皆如是하니다

譬如淨日輪이 不與昏夜合이나
而說某日夜니 諸佛法如是하니다

三世一切劫이 不與如來合이나
而說三世佛이니 導師法如是하니다

중생이 이와 같이 말하기를
무슨 날에 부처님이 도를 이루셨다 하지만
여래께서 보리를 얻으신 것은
진실로 날짜에 매이지 않습니다.

여래는 분별을 떠나
세간에도 매이지 않고 모든 수량에도 초월하시니
삼세에 모든 도사가
출현하시는 것도 다 이와 같습니다.

비유하자면 맑은 태양이
어두운 밤으로 더불어 합하지 않지만
무슨 날 밤이라 말하는 것과 같나니
모든 부처님의 법도 이와 같습니다.

삼세에 일체 세월이
여래로 더불어 합하지 않지만
삼세에 부처님이라 말하는 것과 같나니
도사의 법도 이와 같습니다.

疏

後四는 別顯超時라 初偈는 立宗이니 上半은 牒妄情이요 下半은 正立이니 菩提는 是有法이요 定不繫時는 是宗法이라 次偈는 立三因이니 一은 智無分別故요 二는 三世不遷故요 三은 體非有爲之數故라 次偈는 擧同喩니 謂日體常明故로 不合昏夜이라 後偈는 合結이니 上半合이요 下半結이라 合中語倒니 若順인댄 應云호대 一切諸如來가 不與三世合이라하니라 又若以超時나 現時爲宗者인댄 則上宗中에 四句皆宗이니 應云호대 菩提는 是有法이요 定不繫日이나 隨機說日은 是宗法이요 因은 云體非三世等이나 不礙三世等故요 同喩는 云如日輪이 不合昏夜나 以山映故로 說有日夜요 合은 云佛無三世하야 以不應見이나 機之所映故로 而說三世라하리라 是則上三句는 皆合이요 下一句는 結이라

뒤에 네 게송은[116] 시간을 초월한 것을 따로 나타낸 것이다.
처음에 게송은 종宗을 세운 것이니
위에 반 게송은 망정妄情을 첩석한 것이요
아래 반 게송은 바로 세운 것이니,
보리라고 한 것은 이것은 유법有法[117]이요
결정코 날짜에 매이지 않는다고 한 것은 이것은 종법宗法이다.
다음에 게송은 삼인三因을 세운 것이니
첫 번째는 지혜가 분별이 없는 까닭이요
두 번째는 삼세가 옮기지 않는 까닭이요
세 번째는 자체가 유위有爲의 수數가 아닌 까닭이다.
다음에 게송은 같은 비유를 거론한 것이니,
말하자면 태양의 자체는 항상 밝은 까닭으로 어두운 밤과 합하지 않는 것이다.
뒤에 게송은 합하고 맺는 것이니
위에 반 게송은 합한 것이요
아래 반 게송은 맺는 것이다.
합한 가운데 말이 전도 되었으니,
만약 순리대로 한다면 응당 말하기를 일체 모든 여래가 삼세로

---

116 원문에 후사게後四偈 운운은 소문疏文에 두 가지가 있나니 一은 約超時하야 明五分이요, 영인본 화엄 7책, p.420, 3, 우약이초시현시하又若以超時現時下는 二에 約超時現時하야 明五分이라. 五分은 宗, 因, 喩, 合, 結이다.

117 유법有法이란, 宗, 因, 喩의 三法 가운데 宗法 중 前名辭이다. 운허, 『불교사전』, p.668 참고하라.

더불어 합하지 않는다고 해야 할 것이다.

또 만약 시간을 초월하였지만 시간을 나타내는 것으로써 종宗을 삼는다면 곧 위에 종법 가운데 네 구절이 다 종이니,
응당 말하기를 보리는 이 유법이요,
결정코 태양에 매이지 않지만 근기를 따라 태양을 말하는 것은 이 종법이요
인법은 말하자면 자체는 삼세 등[118]이 아니지만 삼세 등에 걸리지 않는 까닭이요
같은 비유법은 말하자면 마치 태양이 어두운 밤에 합하지 않지만 산을 비추는 까닭으로 낮과 밤이 있다고 말하는 것이요
합合은 말하자면 부처님이 삼세에 없어 응당 볼 수 없지만 중생을 비추는 바인 까닭으로 삼세를 말한다 해야 할 것이다.
이것은 곧 위에 세 구절은 다 합한 것이요
아래 한 절은 맺는 것이다.

鈔

菩提是有法者는 因明疏云호대 前陳은 是有法이요 後陳은 是法이니 法與有法이 和合爲宗이라 言有法者는 由於前陳가 爲所依故로 能有後陳이니 故有法은 但是持自性法하고 無有軌義요 後陳은 具二니 謂由不計時하야 知是常法하며 如無常은 知是有爲等이라 作初偈量

118 等 자는 소문疏文엔 없다.

云인댄 日體無分別하야 不與昏夜合하며 如來無分別하야 不與三世合이라하리니 菩提는 是有法이요 定不繫時는 是宗法이요 因은 云無分別故요 同喩는 如日輪이니 與偈合之인댄 日體無分別等也니라 二는 約非世爲因인댄 菩提는 是有法이요 定不繫時는 是宗法이요 因은 云體非三世故요 同喩는 如日輪이니 以偈合云인댄 日不屬於時하야 不與昏夜合하며 佛非世法故로 不與三世合이라하리라 三은 約超諸數釋인댄 菩提는 是有法이요 定不繫時는 是宗法이요 因은 云非有爲故요 同喩는 如日輪이니 以偈合云인댄 日輪無出沒하야 不與昏夜合하며 如來非有爲하야 不與三世合이라하리라

보리는 이 유법이라고 한 것은『인명론』소문에 말하기를 앞에 말한 것(前陳)은 이 유법이요
뒤에 말한 것(後陳)[119]은 이 법이니,
법과 더불어 유법이 화합하여 종宗이 되는 것이다.
유법이라고 말한 것은 앞에 말한 것이 소의所依가 됨을 인유한 까닭으로 능히 뒤에 말할 것이 있게 되나니,
그런 까닭으로 유법은 다만 자성의 법만 가지고 궤생軌生의 뜻이 없는 것이요
뒤에 말한 것은 두 가지[120]를 갖추었으니,

119 원문에 전진前陳, 후진後陳이라고 한 것은 예를 들면 소리는 무상하다 할 때 소리는 전진前陳이고, 무상無常은 후진後陳이다.『불교사전』을 참고할 것이다.

120 두 가지란, 임지任持와 궤생軌生이다.

말하자면 헤아릴 수 없는 시간을 인유하여 이 영원한 법을 알며 저 영원하지 않는 것은 이 유위법인 줄 안다 한 등이다.

처음 게송에 헤아림[121]을 지어[122] 말한다면
태양의 자체는 분별이 없어서
어두운 밤으로 더불어 합하지 아니하며
여래는 분별이 없어서
삼세로 더불어 합하지 않는다 해야 할 것이니
보리는 이 유법이요,
결정코 시간에 매이지 않는 것은 이 종법이요,

---

121 여기서 量이란, 『인명론因明論』의 입량立量의 뜻이 다분하다. 입량立量은 논리를 세운다는 뜻이다. 量偈라 한 것은 偈量이라 해야 한다. 그 뜻은 삼인三因 가운데 初因으로 삼지비량三支比量을 짓는 것이다. 삼지三支는 宗, 因, 喩 세 가지이다.

122 원문에 작초게량作初偈量이란, 初因을 가져 立量하여 作偈한다는 것이다. 그렇다면 作初量偈라 해도 무방하다. 『잡화기』에 말하기를 게량偈量이라는 두 글자는 앞뒤가 바뀐 것이 아닌가 염려하나니, 처음에 因을 가져 量을 세워 게송을 짓는 것을 말하는 것이다. 이 가운데 반드시 양을 세워 게송을 짓는 것은 대개 오법五法(宗, 因, 喩, 合, 結)을 구족하여 양을 건립하는 것을 수구하는 까닭이다. 그런 까닭으로 먼저(처음) 게송에 헤아림을 짓고, 뒤에 그 가운데 낱낱이 오법을 지적指摘하고 합하는 가운데 이르러서는 도리어 앞에 게송을 모두 지적하였으니, 뒤의 이인二因(三因 중 뒤의 二因) 가운데도 또한 응당 여기에 먼저 게송을 헤아림을 짓는 것이 있어야 할 것이지만, 비례하면 가히 알 수 있는 까닭으로 다만 합하는 가운데 이르러 그 게송을 안치하였을 뿐이다 하였다.

인법은 말하자면 분별이 없는 까닭이요,
같은 비유법은 태양과 같나니
게송으로 더불어 합한다면 태양의 자체는 분별이 없다 한 등[123]이다.

두 번째 게송은 세간에도 매이지 않는 것이 원인이 된다고 함을 잡는다면 보리는 이 유법이요,
결정코 시간에 매이지 않는 것은 이 종법이요,
인법은 말하자면 자체는 삼세가 아닌 까닭이요,
같은 비유법은 태양과 같나니

게송으로 합하여 말한다면
태양은 시간에 속하지 아니하여
어두운 밤으로 더불어 합하지 아니하며
부처님은 세간의 법이 아닌 까닭으로
삼세로 더불어 합하지 않는다 해야 할 것이다.

세 번째 게송은 모든 수량을 초월함을 잡아 해석한다면 보리는 이 유법이요,
결정코 시간에 매이지 않는 것은 이 종법이요,
인법은 말하자면 유위가 아닌 까닭이요,

123 등야等也라고 한 것은 영인본 화엄 7책, p.421, 3행(두 줄 앞) 菩提로부터 等也까지 三十四字는 北藏에는 注文으로 되어 있다.

같은 비유법은 태양과 같나니

게송[124]으로 합하여 말한다면
태양은 나오거나 들어감이 없어서
어두운 밤으로 더불어 합하지 아니하며
여래는 유위가 아니어서
삼세로 더불어 합하지 않는다고 해야 할 것이다.

又若以超時現時等으로 四句皆宗者는 若依前釋인댄 上二句는 牒妄情거니와 今將上二句하야 合在下半하야 成經偈云인댄 如來得菩提는 實不繫於日이나 而隨衆生說하야 某日佛成道라하리니 菩提는 是有法이요 定不繫日이나 隨機說日은 是宗法이요 因은 云體非三世나 不礙三世故요 同喩는 如日輪이니 日體恒明이나 隨映殊일새 不合昏夜나 而說昏夜요 佛體湛然이나 隨機應일새 已超三世나 說三世라 故疏云호대 定不繫日이나 隨機說日은 是宗法이라하고 而出因云호대 體非三世나 不礙三世等者는 等取無分別이나 不礙分別하고 非有爲나 不礙有爲니라 合等可知니라 菩提是有法이요 定不繫日이나 隨機說日은 是宗法이요 因은 云體無分別이나 不礙分別故요 同喩는 如日輪이니 日離分別이나 隨時殊일새 不合昏夜나 說昏夜요 佛無分別이나 隨機應일새 已離分別이나 說分別이라 菩提로 至宗法은 同前이요

124 원문 偈 자 위에 以 자가 있고 偈 자 아래 合 자가 있는 것이 좋다. 나는 보충하여 번역하였다.

因은 云體非有爲나 不礙有爲故요 同喩는 如日輪이니 日非有爲나 隨時殊일새 不合昏夜이나 說昏夜요 佛非有爲나 隨機殊일새 已超有爲나 說有爲니라 若作偈者五言云인댄 日明映山故로 無時說晝夜요 佛體不礙用일새 常住說三世라하리라 若七言云인댄 日體恒明隨映殊일새 不合昏夜說昏夜요 佛體湛然隨機應일새 已超三世說三世라하리라 對上三因인댄 亦應云호대 日離分別隨映殊요 佛無分別隨機應이라하리니 皆可意得이라

또 만약 시간을 초월하였지만[125] 시간을 나타낸다 한 등으로 네 구절이 다 종이라고 한 것은 만약 앞에 해석[126]한 것을 의지한다면 처음 게송에 위에 두 구절은 망정을 첩석한 것이어니와, 지금에는 위에 두 구절을 가져 아래 반 게송에 합하여 두어 경의 게송을 성립하여 말한다면

여래께서 보리를 얻는 것은
진실로 날짜에 매이지 않지만
중생을 따라 말하여
무슨 날에 부처님이 도를 이룰 것이다 해야 할 것이니,

보리는 이 유법이요

---

125 원문에 우약이기시又若以起時 이상은 다만 起時의 뜻만 나타낸 까닭으로 宗, 因 등 四句에 顯宗의 一句를 세우지 아니하였고, 이하는 起時顯時를 이미 나타낸 까닭으로 顯宗의 一句를 나타내었다.

126 원문에 전석前釋이란, 영인본 화엄 7책, p.419, 8행이다.

결정코 날짜에 매이지 않지만 근기를 따라 날짜를 말하는 것은 이 종법이요,

인법은 말하자면 자체는 삼세가 아니지만 삼세에 걸리지 않는 까닭이요,

같은 비유법은 태양과 같나니 태양의 자체는 항상 밝지만 비춤을 따라 다르기에[127] 어두운 밤으로 합하지 않지만 어두운 밤을[128] 말하는 것이요

부처님의 자체는 담연하지만 근기를 따라 응하기에[129] 이미 삼세를 초월하였지만 삼세를 말하는 것이다.[130]

그런 까닭으로 『인명론』 소문에 말하기를 결정코 날짜에 매이지 않지만 근기를 따라 날짜를 말하는 것은 이 종법이라 하고, 인법을 설출하여 말하기를 자체는 삼세 등[131]이 아니지만 삼세 등에 걸리지 않는다고 한 것은 분별이 없지만 분별에 걸리지 않고 유위가 아니지만 유위에 걸리지 아니함을 등취한 것이다.

합법合法 등은[132] 가히 알 수가 있을 것이다.[133]

---

127 혹은 見 자를 衍이라 한다. 영인본 화엄 7책, p.423, 9행엔 없다. 칠언七言으로 보면 없는 것이 맞다.

128 원문 야夜 자 아래에 이설혼야而說昏夜 네 글자(四字)가 있어야 한다.

129 원문에 映 자는 應 자가 좋다. 영인본 화엄 7책, p.423, 9행에는 應 자이다.

130 菩提로부터 說三世까지 五十八字는 北藏에서는 注로 되어 있다.

131 등이란, 소문疏文엔 等 자가 없다.

132 『잡화기』에 말하기를 합하여 말한다고 한 등은 결結을 등취한 것이니, 이 위에는 다 소문을 바로 해석하고 이 아래는 삼인三因을 따로 잡아 삼절의 말을 짓는 것이니, 위의 시간을 초월한 가운데 삼절三節과 같다 하였다.

보리는 이 유법이요,
결정코[134] 날짜에 매이지 않지만 근기를 따라 날짜를 말하는 것은 종법이요,
인법은 말하자면 자체는 분별이 없지만 분별에 걸리지 않는 까닭이요,
같은 비유법은 태양과 같나니 태양은 분별을 떠났지만 때를 따라 다르기에 어두운 밤으로 합하지 않지만 어두운 밤을 말하는 것이요,
부처님은 분별이 없지만 근기를 따라 응하기에 이미 분별을 떠났지만 분별을 말하는 것이다.[135]
보리로부터 종법에 이르기까지는 앞에서 말한 것[136]과 같고,
인법은 말하자면 자체는 유위가 아니지만 유위에 걸리지 않는 까닭이요,
같은 비유법은 태양과 같나니 태양은 유위[137]가 아니지만 때를 따라 다르기에 어두운 밤으로 합하지 않지만 어두운 밤을 말하는 것이요,
부처님은 유위가 아니지만 근기를 따라 다르기에 이미 유위를 초월하였지만 유위를 말하는 것이다

---

133 원문에 합등가지合等可知라고 한 것은 이 위에서는 疏文 가운데 다만 宗과 因만 이끌었기에 응당 喩等은 可知라 해야 할 것이지만, 喩는 위의 釋中에서 이미 이끌었기에 그런 까닭으로 지금에 合法을 이끌어 말한 것이다. 等이란 五分中 마지막 結을 等取한 것이다.

134 원문에 부정不定이라 한 不 자는 연자衍字이다.

135 菩提下에서 說有爲까지 百一字는 北藏에서는 注로 되어 있다.

136 앞에서 말한 것이란, 즉 유법과 종법은 앞에서 말한 것과 같다는 것이다.

137 원문에 유념有念이라 한 念 자는 爲 자의 잘못이다.

만약 게송을 오언五言으로 지어 말한다면[138]
태양이 밝아 산을 비추는 까닭으로
때가 없지만 낮과 밤을 말하는 것이요
부처님의 자체는 작용에 걸리지 않기에
항상 머물지만 삼세를 말한다 해야 할 것이다.

칠언七言으로 말한다면
태양의 자체는 항상 밝지만 비춤을 따라 다르기에
어두운 밤으로 합하지 않지만 어두운 밤을 말하는 것이요
부처님의 자체는 담연하지만 근기를 따라 응하기에
이미 삼세를 초월하였지만 삼세를 말한다 해야 할 것이다.

위에 세 가지 원인[139]을 상대한다면[140] 또한 응당[141] 말하기를 태양은

---

138 만약 게송을 오언五言으로 지어 말하다면이라고 한 이상은 인因의 뜻을 위주爲主로 하여 모든 게송을 짓고, 이 아래 이 오언의 게송과 칠언의 게송은 종宗의 뜻을 위주로 하여 게송을 지은 것이다. 『잡화기』에는 말하기를 이 위의 시간을 초월한 가운데 곧 다 오언五言으로써 게송을 지은 까닭으로 지금에는 저와 같게 하고자 하나니, 앞의 이인二因 가운데도 또한 응당 이같이 짓는 것이 있어야 할 것이다. 대개 이 가운데 의로義路가 앞으로 더불어 변화가 있는 까닭으로 따로 만약 게송을 짓는다는 말이 있을지언정 앞의 이인二因 가운데 합문合文이 다 이 게송이 아니라고 말한 것은 아니다 하였다.

139 원문에 상삼인上三因이란, 第二偈에 立三因이니 영인본 화엄 7책, p.419, 9행이다.

140 원문에 대상삼인對上三因 운운은 上來의 作偈는 다만 이 合中에서 인용한 것이니, 위에 초시삼인중超時三因中의 合偈로 더불어 상대相對하고, 선작입

분별을 떠났지만 비춤을 따라 다른 것이요,
부처님은 분별이 없지만 근기를 따라 응하는 것이다 해야 할 것이니,
다 가히 뜻으로 얻을 것이다.

량게先作立量偈는 앞의 삼인三因 중에 각각 선입량게先立量偈로 더불어 상대한 것이 없는 까닭으로 여기에 비례한 것이다. 역시 『잡화기』의 말이다.

141 원문에 역응亦應 이하는 宗, 因의 多義를 合融하여 作偈한 것이다.

經

爾時에 精進幢菩薩이 承佛神力하야 普觀十方하고 而說頌言호대

그때에 정진당보살이 부처님의 위신력을 받아 널리 시방을 관찰하고 게송을 설하여 말하기를

疏

第七에 西南方은 勤觀如來의 眞應皆同일새 故能平等隨順一切衆生을 名精進幢이라

일곱 번째 서남방 보살은 여래의 진신과 응신이 다 같음을 부지런히 관찰하기에 그런 까닭으로 능히 일체중생을 평등하게 수순하는 것을 정진당이라 이름하는 것이다.

經

一切諸導師가 身同義亦然하야
普於十方刹에 隨應種種現하니다

일체 모든 도사가
몸도 같고 뜻도 또한 그러하여
널리 시방세계의 국토에
응함을 따라 가지가지로 나타내십니다.

疏

十頌은 顯此同義라 文分爲二리니 初一總標요 餘九別釋이라 前中上半은 正標요 下半은 略顯同相이라 言身同者는 三身十身이 皆悉同故라 義亦然者는 此含多意니 一은 且約三身인댄 體依聚義가 無不同故며 所覺能覺과 覺他同故라 又義는 名所以니 所以得名佛者는 正覺眞智와 力無畏等을 無不具故로 得名爲佛이니 佛佛皆然일새 故義同也라하니라 又應用利樂이 無不同故니 故攝論第十云호대 諸佛法身이 應知恒時에 能作五業等이라 二十一種의 功德之中에 名爲逮得一切佛平等性이니 所依와 意樂과 作業이 無差別故니라

열 게송은 이 부처님이 같다는 뜻을 나타낸 것이다.
게송문을 나누어 두 가지로 하리니

처음에 한 게송은 한꺼번에 표한 것이요
나머지 아홉 게송은 따로 해석한 것이다.
앞의 게송 가운데 위에 반 게송은 바로 표한 것이요
아래 반 게송은 같은 모습을 간략하게 나타낸 것이다.
몸이 같다고 말한 것은 삼신과 십신이 다 같은 까닭이다
뜻도 또한 그러하다고 한 것은 여기에 수많은 뜻을 포함하고 있나니
첫 번째는 또한 삼신을 잡는다면 자체와 의지하는 것과 쌓아 모으는
뜻이 같지 아니함이 없는 까닭이며[142]
소각과 능각과 각타가 다 같은 까닭이다.
또 뜻이라고 한 것은 까닭을 이름한 것이니
부처님이라고 이름함을 얻는 까닭은 바른 깨달음과 참다운 지혜와
열 가지 힘과 네 가지 두려움이 없는 등을 갖추지 아니함이 없는
까닭으로 부처님이라고 이름함을 얻나니,
부처님과 부처님이 다 그러하기에 그런 까닭으로 뜻이 같다[143] 하였다.

또 응신의 작용과 이락利樂이 같지 아니함이 없는 까닭이니,
그런 까닭으로 『섭론』 제십권[144]에 말하기를 모든 부처님의 법신이

---

142 원문에 무부동고無不同故는 이 부처님의 삼신三身과 각覺이 저 부처님의 삼신三身과 각覺으로 같다는 것이다. 또 삼신등三身等이 서로 바라봄에 같다는 것이다. 다 『잡화기』의 말이다.

143 원문에 의동義同은 경문經文에 의역연義亦然이라 한 것이다.

144 『섭론攝論』 제십권은 復次應知 如是諸佛法界가 於一切時에 能作五業等이라

응당 항시恒時에 능히 다섯 가지 업을 짓는 줄 알아야 한다 한 등이다. 스물한 가지 공덕 가운데 이름이 일체 부처님의 평등한 자성을 체득한다[145] 한 것이니,

의지하는 바와[146] 뜻에 좋아하는 바와 업을 짓는 것이 차별이 없는 까닭이다.

鈔

義亦然者下는 出二意니 一은 釋三身及與佛義니 體卽法身이요 依是報身이요 聚是化身이라 所覺已下는 所覺是法身이요 能覺報身이요 覺他是化身이라 又義名所以者는 明成佛所以니 卽具衆德故라 問明云호대 十方諸如來가 共同一法身이며 一心一智慧니 力無畏亦然이라하니라 諸佛法身者는 卽應化法身이라 言五業者는 攝論第十云호대 第一은 救濟有情災橫으로 爲業이니 於暫時見하면 便能救濟盲聾狂等의 諸災橫故라 二者는 救濟惡趣로 爲業이니 拔諸有情하야 出不善處하야 置善處故라 三者는 救濟非方便으로 爲業이니 令諸外

하니 즉 다시 응당 이와 같은 모든 부처님의 법계가 일체시에 능히 오업을 짓는 줄 알아야 한다 한 등이라 하니 조금 다름이 있다 하겠다. 여기 『섭론』은 『세친섭론』이다.

145 원문에 명위체득名爲逮得 운운은 영인본 화엄 7책, p.298, 4행에 第四에 체득일체불평등성逮得一切佛平等性이다.

146 원문에 소의所依 운운은 영인본 화엄 7책, p.298, 5행에 觀察如來의 於法身中에 所依와 意樂과 作事의 無差別功德이다. 단 여기는 作業이라 하고 앞에서는 作事라 하였다.

道로 捨非方便하고 求解脫行케하야 置於如來의 聖教中故라 四者는 救濟薩遮耶見으로 爲業이니 授之能超三界道故라 五者는 救濟諸乘으로 爲業이니 拯拔欲趣餘乘인 諸菩薩과 及不定種性인 諸聲聞等하야 安置善處하야 令修大乘行故니 於此五業에 應知諸佛의 業用平等이라하니라 若梁攝인댄 當第十五니라 二十一種功德下는 即指上品所依智等三事하야 佛佛平等이라하니 無性도 亦明是利他德이라

뜻도 또한 그러하다 한 것[147]이라고 한 아래는 두 가지 뜻을 설출한 것이니

첫 번째는 삼신과 그리고 부처님의 뜻[148]을 해석한 것이니

자체는 곧 법신이요,

의지하는 것은 보신이요,

쌓아 모으는 것은 화신이다.

소각이라고 한 아래는 소각은 이[149] 법신이요,

능각은 이 보신이요,

각타는 이 화신이다.

---

147 원문에 의역연자義亦然者라 한 者 자는 문장을 첩석하되 점점 소석한 것이니, 응당 삼신을 잡는다고 한 것(約三身者)은이라고 말해야 할 것이다. 역시 『잡화기』의 말이다.

148 원문에 불의佛義는 곧 각의覺義니 중국말과 범어의 차이일 뿐이다. 『잡화기』의 말이다.

149 自 자는 是 자가 좋아 고친다.

또 뜻이라고 한 것은 까닭을 이름한 것이라고 한 것은 부처를 이루는 까닭을 밝힌 것이니,
곧 수많은 공덕을 갖춘 까닭이다.
보살문명품에 말하기를
시방에 모든 여래가
다 같이 한 법신이며
한 마음이고 한 지혜이니,
열 가지 힘과 네 가지 두려움이 없는 것도 또한 그러하다 하였다.

모든 부처님의 법신이라고 한 것은 곧 응신 화신의 법신이다.
다섯 가지 업이라고 말한 것은『섭론』제십권에 말하기를 첫 번째는 유정의 재횡災橫을 구제하는 것으로 업을 삼나니,
잠시라도 친견하면 곧 능히 눈멀고 귀 먹고 미친 등의 모든 재횡을 구제하는 까닭이다.
두 번째는 악취의 중생을 구제하는 것으로 업을 삼나니,
모든 유정을 빼내어 불선한 곳에서 나오게 하여 선한 곳에 두는 까닭이다.
세 번째는 방편이 아닌 것을 행하는 사람을 구제하는 것으로 업을 삼나니,
모든 외도로 하여금 방편이 아닌 것을 버리고 해탈의 행을 구하게 하여 여래의 성교聖敎 가운데 두는 까닭이다.
네 번째는 살자야 소견[150]을 가진 사람을 구제하는 것으로 업을 삼나니,

능히 삼계를 초월하는 도를 주는 것이다.
다섯 번째는 모든 승乘을 구제하는 것으로 업을 삼나니,
욕취欲趣의 다른 승(餘乘)인 모든 보살과 그리고 부정성不定性인 모든 성문 등을 건져내어 선한 곳에 안치하여 하여금 대승의 행을 닦게 하는 까닭이니,
이 다섯 가지 업에 응당 모든 부처님의 업용이 평등한 줄 알아야 할 것이다 하였다.
만약 『양섭론』이라면 제십오권에 해당한다.

스물한 가지 공덕이라고 한 아래는 위에 도솔천궁품[151]에 의지한 바 지혜[152] 등 삼사三事[153]를 가리켜 부처님과 부처님이 평등하다 하였으니,
『무성섭론』에도 또한 이 이타의 공덕을 밝혔다.[154]

---

150 원문에 살자야견薩遮耶見은 살가야견薩迦耶見이니 신견身見이다.

151 원문에 상품上品은 도솔천궁품兜率天宮品이니 영인본 화엄 7책, p.298, 4행이다.

152 원문에 소의지所依智는 영인본 화엄 7책, p.299, 3행에 의진여청정지依眞如清淨智라 하였다.

153 원문에 三事는 영인본 화엄 7책, p.299, 2행에 一은 소의무차별所依無差別이요 二는 의업차별意業差別이요 三은 작업차별作業差別이라 하였다.

154 원문에 무성역명시이타덕無性亦明是利他德은 上 도솔천궁품 소문疏文엔 제사덕第四德으로 자리自利에 배대한 까닭으로 여기엔 또한 이타利他를 말하고 있다는 것이다.

疏

二는 約十身하야 釋義同者인댄 皆通三世間이니 彼此互望에 無差別故로 種種利樂이 居然是同이라 此有三因하니 一은 行海齊滿이요 二는 大願齊具요 三은 同一法性故니 非唯相似라 亦一卽一切하야 互相融故니라 餘如問明品說하니라

두 번째는 십신을 잡아 뜻이 같다고 함을 해석한다면 다 삼세간에 통하나니[155]
저것과 이것이 서로 바라봄에 차별이 없는 까닭으로 가지가지 이익과 즐거움이 거연히 같은 것이다.
여기에 세 가지 원인이 있나니
첫 번째는 행의 바다가 다 만족한 것이요
두 번째는 큰 서원이 다 구족한 것이요
세 번째는 다 한 법성[156]인 까닭이니,
오직 서로 흡사할 뿐만 아니라 또한 하나가 일체에 즉하여 서로서로 융합한 까닭이다.
나머지는 보살문명품[157]에서 설한 것과 같다.

---

155 원문에 통삼세간通三世間이란, 外十身을 잡아 말하는 것이다. 역시 『잡화기』의 말이다.

156 원문에 동일법성同一法性이란, 二義가 있나니 一은 상사相似요 二는 원융圓融이다.

157 원문에 문명품問明品이란, 보살문명품菩薩問明品 정진장精進章이니, 추자권秋字卷, 45장 이하에 있다.

疏

下半은 同相이니 略擧應用同이라 以應卽眞故니 非應之外에 別明法身是同이라 然이나 普有二義하니 一은 約諸佛이니 謂無有佛이不遍十方故요 二는 約一佛이니 謂無一方도 而不現故라

아래 반 게송은 같은 모습이니
응신의 작용이 같음을 간략하게 거론한 것이다.
응신이 곧 진신인 까닭이니 응신 밖에 따로 법신의 같음을 밝힌 것이 아니다.
그러나 넓다는(普)[158] 것에 두 가지 뜻이 있나니
첫 번째는 모든 부처님을 잡은 것이니,
말하자면 부처님이 시방에 두루하지 아니함이 없는 까닭이요
두 번째는 한 부처님을 잡은 것이니,
말하자면 한 처소에도 나타나지 아니함이 없는 까닭이다.

---

158 普란, 경문經文에 보어시방찰普於十方刹이라 한 그 普 자이다.

經

汝觀牟尼尊하소서 所作甚奇特하사
充滿於法界호대 一切悉無餘하니다

佛身不在內며 亦復不在外나
神力故顯現하시니 導師法如是하니다

隨諸衆生類의 先世所集業하야
如是種種身으로 示現各不同하니다

諸佛身如是하야 無量不可數하니
唯除大覺尊코는 無有能思議니이다

그대는 석가모니 세존을 관찰하세요.
하시는 바가 심히 기특하여
법계에 충만케 하되
일체 법계에 다 남김이 없이 하십니다.

부처님의 몸은 안에 있지도 않으며
또한 다시 밖에 있지도 않지만
위신력인 까닭으로 나타내시니
도사의 법이 이와 같습니다.

모든 중생 무리의
선세에 모은 바 업을 따라
이와 같이 가지가지 몸으로
시현하시는 것이 각각 같지 않습니다.

모든 부처님의 몸이 이와 같아서
한량도 없고 가히 헤아릴 수도 없나니
오직 대각세존을 제외하고는
능히 사의할 수 없습니다.

疏

後九는 別釋中에 分二리니 先四頌은 正釋이요 後五頌은 轉釋이라 前中初偈는 釋前普於十方이라 無餘는 二義니 一은 無處不遍故요 二는 一切皆佛身故라 諸佛本師는 二頌影略이라 次偈는 釋前現義니 謂有感方現일새 故云非內라하고 神力能現일새 故云非外라하니라 次偈는 釋前隨應種種義니 一은 隨物類하야 則十法界等萬類에 殊應이요 二는 於一類中에 隨其先業하야 各見不同이니 如金色塗灰等이라 後偈는 釋前身同之義하야 結成難思니 佛身皆同하야 無數量故니라 唯除大覺者는 佛佛同證故니라

뒤에 아홉 게송은 따로 해석한 가운데 두 가지로 나누리니
먼저 네 게송은 바로 해석한 것이요

뒤에 다섯 게송은 전전히 해석한 것이다.
앞의 네 게송 가운데 처음에 게송은 앞[159]에 널리 시방이라고 한 것을 해석한 것이다.

남김이 없이 한다고 한 것은 두 가지 뜻이 있나니
첫 번째는 처소마다 두루하지 아니함이 없는 까닭이요
두 번째는 일체가 다 부처님의 몸인 까닭이다.
모든 부처님[160]과 본사[161] 세존이라고 한 것은 두 게송이 그윽이 생략된 듯하다.

다음에 게송은 앞에 나타낸다[162]고 한 뜻을 해석한 것이니,
말하자면 감동케 함이 있음에 바야흐로 나타나기에 그런 까닭으로 안에 있지도 않다고 하였고, 위신력으로 능히 나타나기에 그런 까닭으로 말하기를 밖에 있지도 않다고 하였다.

다음에 게송은 앞에 응함을 따라 가지가지라고 한 뜻을 해석한 것이니,
첫 번째는 중생의 무리를 따라 곧 시방 법계 등 만류에 달리 응하는

159 앞이란, 영인본 화엄 7책, p.424, 3행에 第三句이다.

160 원문에 제불諸佛은 第四頌이다.

161 본사本師는 第一頌에 牟尼尊이다.

162 원문에 전현前現이란, 영인본 화엄 7책, p.424, 3행에 第四句인 種種現이라 한 그 現 자이다.

것이요
두 번째는 한 중생의 무리 가운데 그가 선세에 지은 업을 따라 각각 같지 아니함을 보나니,
마치 금색과 도회塗灰 등과 같다.

뒤에 게송은 앞에 몸이 같다고 한 뜻을 해석하여 사의하기 어려운 것을 맺어 성립한 것이니,
부처님의 몸이 다 같이 수량이 없는 까닭이다.
오직 대각 세존을 제외한다고 한 것은 부처님과 부처님은 다 같이 증득한 까닭이다.

經

如以我難思를 心業莫能取인달하야
佛難思亦爾하야 非心業所現하니다

如刹不可思나 而見淨莊嚴인달하야
佛難思亦爾하야 妙相無不現하니다

譬如一切法이 衆緣故生起인달하야
見佛亦復然하야 必假衆善業하니다

譬如隨意珠가 能滿衆生心인달하야
諸佛法如是하야 悉滿一切願하니다

無量國土中에 導師興於世하사
隨其願力故로 普應於十方하니다

나의 사의하기 어려운 것을
심업[163]으로 능히 취할 수 없는 것과 같아서
부처님의 사의하기 어려운 것도 또한 그러하여
심업[164]으로 나타낼 바가 아닙니다.

---

163 심업心業은 佛之心業이니 즉 부처님의 심업이다.
164 여기 심업心業은 凡夫之心業이니 즉 범부의 심업이다.

세계를 가히 사량할 수 없지만
청정한 장엄을 보는 것과 같아서
부처님의 사의하기 어려운 것도 또한 그러하여
묘한 모습을 나타내지 아니함이 없으십니다.

비유하자면 일체법이
수많은 인연을 의지한 까닭으로 생기하는 것과 같아서
부처님을 친견하는 것도 또한 다시 그러하여
반드시 수많은 선업을 가자해야 합니다.

비유하자면 여의주가
능히 중생의 마음을 만족케 하는 것과 같아서
모든 부처님의 법도 이와 같아서
일체 서원을 다 만족케 하십니다.

한량없는 국토 가운데
도사가 세간에 출흥하여
그분의 원력을 따른 까닭으로
널리 시방에 응하십니다.

疏

後五는 轉釋中에 從後向前하야 釋上四偈니 前四兼喩요 後一唯

法이라 於中初二는 釋第四無能思義니 一은 以我爲喩니 謂如妄計之我가 本無所有일새 故不可思니라 此以妄計로 情有理無일새 非聖智境이니 以況法身이 理有情無일새 非下位測이니라 後偈는 以刹爲喩니 喩雖絶相難思나 而不礙相이라 次一偈는 釋第三隨業異現이니 所以要隨業者는 同一切法이 必假緣故라 此는 以總喩別이라 次一偈는 釋第二非內外義니 如珠現物에 雖非內外나 能滿物心하니라 後偈는 釋充滿法界義니 所以能滿者는 本願普周故니라

뒤에 다섯 게송은 전전히 해석한 가운데 뒤에 게송을 좇아 앞에 게송을 향하여 위에 네 게송[165]을 해석한 것이니
앞에 네 게송은 법과 비유를 겸한 것이요
뒤에 한 게송은 오직 법뿐이다.

그 가운데 처음에 두 게송은 앞의 제 네 번째[166] 게송에 능히 사량할 수 없다는 뜻을 해석한 것이니
첫 번째 게송은 나로써 비유한 것이니,
말하자면 허망하게 계교하는 내가 본래 있는 바가 없는 것과 같기에 그런 까닭으로 가히 사량할 수 없는 것이다.
이것은 허망하게 계교하는 것으로써[167] 정情으로는 있지만 이치로는

165 원문에 상사게上四偈는 영인본 화엄 7책, p.427, 4행 이하 四偈이다.
166 第四란, 영인본 화엄 7책, p.427, 7행이다.
167 원문에 이망계以妄計 운운은 변계소집성遍計所執性이다.

없기에 성지聖智의 경계가 아니니,
법신이 이치로는 있지만 정으로는 없기에 하위下位의 사람이 측량할 수 없음에 비유한 것이다.

뒤에 게송[168]은 세계로써 비유한 것이니,
비록 모습을 끊어 사의하기 어렵지만 모습에 걸리지 아니함을 비유한 것이다.

다음에 한 게송은 앞의 제 세 번째 게송에 업을 따라 나타나는 것이 다름을 해석한 것이니,
반드시 업을 따르는 까닭은 일체법이 반드시 인연을 가자하는 것과 같은 까닭이다.
이것은 총으로써 별別을 비유한 것이다.[169]

다음에 한 게송은 앞의 제 두 번째 게송에 안에 있지도 않고 밖에 있지도 않다고 한 뜻을 해석한 것이니,
여의주가 사물을 나타냄에 비록 안에 있지도 않고 밖에 있지도 않지만 능히 중생의 마음을 만족케 하는 것과 같다.

뒤에 게송은 앞의 첫 번째 게송에 법계에 충만케 한다는 뜻을 해석한

168 원문에 후게後偈란, 第二偈이다.

169 원문에 이총유별以總喩別이란, 세계世界는 공업共業인 까닭으로 총업總業이고, 불신佛身은 정보正報인 까닭으로 별업別業이다.

것이니,

능히 충만케 하는 까닭은 본래의 서원이 널리 두루한 까닭이다.

經

爾時에 離垢幢菩薩이 承佛神力하야 普觀十方하고 而說頌言호대

그때에 이구당보살이 부처님의 위신력을 받아 널리 시방을 관찰하고 게송을 설하여 말하기를

疏

第八에 西北方菩薩은 眞如體淨하야 能成白法하며 復淨世間일새 故名離垢이라

제 여덟 번째 서북방 보살은 진여의 자체는 청정하여 능히 백정법을 이루며 다시 세간을 청정케 하기에 그런 까닭으로 이구당이라 이름하는 것이다.

鈔

眞如體淨은 卽第八迴向中義요 復淨世間은 卽今偈意니라

진여의 자체는 청정하여 능히 백정법을 이룬다고 한 것은 곧 제 여덟 번째 회향 가운데 뜻이요
다시 세간을 청정케 한다고 한 것은 곧 지금 게송의 뜻이다.

經

如來大智光이　普淨諸世間하나니
世間旣淨已에　開示諸佛法하니다

設有人欲見　衆生數等佛이라도
靡不應其心이시나 而實無來處시니다

여래의 큰 지혜광명이
널리 모든 세간을 청정케 하나니
세간을 이미 청정케 한 이후에
모든 부처님의 법을 열어 보이십니다.

설사 어떤 사람이
중생의 수와 같은 부처님을 친견하고자 할지라도
그 중생의 마음에 응하지 아니함이 없으시지만
실로는 오신 곳이 없으십니다.

疏

十頌은 多歎如來淨德이니 前六淨他요 後四自淨이라 前中에 前二總明이요 後四別釋이라 今初에 前偈智淨이니 妄惑旣寂에 眞智不無하야 開示無我知見性相일새 故名爲法이라 後偈身淨이니 謂拂應顯眞이라

열 게송은 다분히 여래의 청정한 공덕을 찬탄한 것이니
앞에 여섯 게송은 다른 사람을 청정케 하는 것이요
뒤에 네 게송은 스스로 청정한 것이다.

앞의 여섯 게송 가운데 앞에 두 게송은 한꺼번에 밝힌 것이요
뒤에 네 게송은 따로 밝힌 것이다.

지금은 처음으로 앞에 게송[170]은 지혜가 청정한 것이니,
망혹이 이미 고요하여짐에 참다운 지혜가 없지 않아서 내가 없는 지견知見의 자성과 모습을 열어 보이기에 그런 까닭으로 이름을 법[171]이라 하는 것이다.

뒤에 게송은 몸이 청정한 것이니,
말하자면 응신을 떨치고 진신을 나타내는 것이다.

妄惑旣寂等者는 揀異斷空이요 開示以下는 卽法華에 開示悟入意也니라

망혹이 이미 고요하여졌다고 한 등은 단멸공과 다름을 가린 것이요

170 원문에 전게前偈란, 第一頌이다.

171 법法이란, 初偈의 第四句 가운데 제불법諸佛法이라 한 그 法 자이다.

열어 보인다고 한 이하는 곧 『법화경』에 열어 보여 깨달아 들어가게 한다고 한 뜻이다.

經

以佛爲境界하야 專念而不息하면
此人得見佛호대 其數與心等하리다

成就白淨法하고 具足諸功德하야사
彼於一切智에 專念心不捨리다

導師爲衆生하야 如應演說法하며
隨於可化處하야 普現最勝身하니다

佛身及世間이 一切皆無我하나니
悟此成正覺하고 復爲衆生說하니다

부처님으로써 경계를 삼아
오로지 생각하여 쉬지 않는다면
이 사람은 부처님을 친견함을 얻되
그 수가 마음으로 더불어 같을 것입니다.

백정법을 성취하고
모든 공덕을 구족하여야
저 사람이 일체 지혜에
오로지 생각하여 마음에 버리지 않을 것입니다.

도사가 중생을 위하여
응함과 같이 법을 연설하시며
가히 교화할 곳을 따라
널리 가장 수승한 몸을 나타내십니다.

부처님의 몸과 그리고 세간이
일체가 다 내가 없나니
이것을 깨달아 정각을 이루시고
다시 중생을 위하여 연설하십니다.

疏

後別釋中에 前二는 釋第二偈요 後二는 釋初偈라 前中初偈는 正明欲見諸佛인댄 應專佛境이니 隨念隨現일새 故名心等이라하니라 又了心境이 卽佛眞性이니 迷則不知어니와 念則便現이라 次偈는 轉釋專念之義니 無漏具德일새 故能專念이라

뒤에 따로 해석한 가운데 앞에 두 게송은 제 두 번째 게송[172]을 해석한 것이요
뒤에 두 게송은 처음 게송[173]을 해석한 것이다.
앞에 두 게송 가운데 처음 게송은 모든 부처님을 친견하고자 한다면

---

172 第二偈는 영인본 화엄 7책, p.430, 5행이다.
173 初偈는 영인본 화엄 7책, p.430, 4행이다.

응당 부처님의 경계를 오로지 생각해야 할 것이라고 한 것을 바로 밝힌 것이니,
생각을 따르고 나타냄을 따르기에 그런 까닭으로 이름을 마음으로 더불어 같다 하였다.

또 마음의 경계가 곧 부처님의 참다운 자성인 줄 아는 것이니, 미혹하면 곧 알지 못하거니와 생각하면 곧 나타나는 것이다.

다음에 게송은 오로지 생각한다는 뜻을 전전히 해석한 것이니, 무루로 공덕을 구족하였기에 그런 까닭으로 능히 오로지 생각해야 할 것이다.

鈔

隨念隨現者는 此有二意하니 一은 隨念多少하야 佛亦等之하니 如稱一口하면 有一化佛等이요 二는 隨念淺深하야 佛應稱之니 見有優劣이라 又了心境下는 約觀心釋이니 卽心卽佛之義耳니라

생각을 따르고 나타냄을 따른다고 한 것은 여기에 두 가지 뜻이 있나니
첫 번째는 생각의 많고 적음을 따라서 부처님도 또한 그와 같이 하나니,
마치 입으로 한 번 부처님을 부르면 한 분의 화현한 부처님이 있는

것과 같은 등이요
두 번째는 생각의 얕고 깊음을 따라서 부처님의 응신이 칭합하는 것이니,
우열優劣이 있음을 보는 것이다.

또 마음의 경계가 곧 부처님의 참다운 자성인 줄 안다고 한 아래는 관심觀心을 잡아 해석한 것이니,
곧 마음이 곧 부처라는 뜻이다.

疏

後二中에 前偈는 釋普淨世間이니 說法現身하야 而能淨故라 後偈는 釋開示佛法이니 示其所悟의 二無我故니라

뒤에 두 게송 가운데 앞에 게송은 널리 세간을 청정케 한다[174]고 한 것을 해석한 것이니,
법을 설하고 몸을 나타내어 능히 청정케 하는 까닭이다.
뒤에 게송은 부처님의 법을 열어 보인다고 한 것을 해석한 것이니,
그 부처님이 깨달으신 바 이무아二無我를 열어 보인 까닭이다.

174 원문에 보정세간普淨世間은 영인본 화엄 7책, p.430, 4행의 말이다.

經

一切人師子가　　無量自在力으로
示現念等身하시니 其身各不同하니다

世間如是身과　　諸佛身亦然하야
了知其自性하시니 是則說名佛이니다

如來普知見하야　明了一切法하시니
佛法及菩提를　　二俱不可得이니다

導師無來去며　　亦復無所住하사
遠離諸顚倒하시니 是名等正覺이니다

일체 사람의 사자師子가
한량없는 자재한 힘으로
생각과 같은 몸을 시현하시니
그 몸이 각각 같지 않습니다.

세간에 이와 같은 몸과
모든 부처님의 몸도 또한 그러하여
그 자성을 요달하여 아시니
이것을 곧 설하여 부처님이라 이름합니다.

여래가 널리 알고 보아
일체법을 분명하게 요달하시니
불법과 그리고 보리를
둘 다 함께 가히 얻을 수 없습니다.

도사는 오고감이 없으시며
또한 다시 머무시는 바도 없어서
모든 꺼꾸러진 생각을 멀리 떠났으니
이것을 등정각이라 이름합니다.

疏

後四는 自淨中에 初一은 已淨差別之用이요 後三은 內淨三德이니 一은 見性成佛하야 自開法身이니 稱性現應이라 次偈는 無得成佛하야 自開般若니 佛法所覺이요 菩提能覺이라 必能所相因일새 故俱叵得이니 無所得者라사 則得菩提리라 後偈는 離妄成佛하야 自開解脫이니 不動無住故로 妄倒斯寂일새 名眞解脫이라

뒤에 네 게송은 스스로 청정한 가운데 처음에 한 게송은 이미 차별의 작용이 청정한 것이요
뒤에 세 게송은 안으로 세 가지 공덕이 청정한 것이니
처음에 게송은 자성을 보아 부처를 이루어 스스로 법신을 연 것이니, 자성에 칭합하여 응신을 나타내는 것이다.

다음에 게송은 얻을 것이 없는 것으로 부처를 이루어 스스로 반야를 여는 것이니

불법은 소각이고 보리는 능각이다.

반드시 능소가 서로 인연하기에 그런 까닭으로 함께 얻을 것이 없나니,

얻을 바가 없는 사람이라야 곧 보리를 얻을 것이다.

뒤에 게송은 망혹을 떠나 부처를 이루어 스스로 해탈을 여는 것이니,

움직이지 않고 머물지 않는 까닭으로 망념의 거꾸러진 것이 이에 고요하기에 이름을 진해탈이라 하는 것이다.

經

爾時에 星宿幢菩薩이 承佛神力하야 普觀十方하고 而說頌言호대

그때에 성수당보살이 부처님의 위신력을 받아 널리 시방을 관찰하고 게송을 설하여 말하기를

疏

第九에 下方菩薩은 解佛遍應法界之身이 而不離法性호미 若彼星宿가 粲然羅空이나 不可縛著일새 故以爲名이라

제 아홉 번째 하방 보살은 부처님의 법계에 두루 응하시는 몸이 법성을 떠나지 아니한 것이 마치 저 별들이 찬연히 허공에 나열하여 있지만 가히 매이거나 집착하지 않는 것과 같은 줄 알기에 그런 까닭으로 성수당이라 이름하는 것이다.

經

如來無所住나　　普住一切刹하시며
一切土皆往하시며 一切處咸見하시니다

佛隨衆生心하사　普現一切身하시며
成道轉法輪하시며 及以般涅槃하시니다

諸佛不思議어니　誰能思議佛하며
誰能見正覺하며　誰能現最勝이리요

여래는 머무시는 바가 없지만
널리 일체 세계에 머무시며
일체 국토에 다 가시며
일체 처소에서 다 보십니다.

부처님은 중생의 마음을 따라
널리 일체 몸을 나타내시며
도를 이루고 법륜을 전하시며
그리고 열반에 드십니다.

모든 부처님은 사의할 수 없거니
누가 능히 부처님을 사의하며
누가 능히 정각을 보며

누가 능히 가장 수승한 모습을 나타내겠습니까.

疏

十頌은 顯佛此德이라 分爲三別하리니 初三은 總顯卽體之應이요 次六은 別釋體應自在요 後一은 拂去自在之迹이라 前中初偈는 約處하야 顯身之遍이니 謂法性身은 則無所住라하며 約自受用인댄 則無所不住일새 名爲普住라하며 約他受用과 及變化身인댄 有感則往일새 故云一切土皆往이라하며 若約十身인댄 無處非佛일새 故云一切處咸見이라하니라

열 게송은 부처님의 이 공덕을 나타낸 것이다.
나누어 세 가지로 다르게 하리니
처음에 세 게송은 자체에 즉한 응신을 한꺼번에 나타낸 것이요
다음에 여섯 게송은 자체와 응신이 자재함을 따로 해석한 것이요
뒤에 한 게송은 자재한 자취를 떨쳐 보내는 것이다.

앞의 세 게송 가운데 처음 게송은 처소를 잡아 몸이 두루한 것을 나타낸 것이니,
말하자면 법성신은 곧 머무는 바가 없다 하며
자수용신을 잡는다면 곧 머물지 않는 바가 없기에 이름을 널리 머문다 하며
타수용신과 그리고 변화신을 잡는다면 감동케 함이 있음에 곧 가기

에 그런 까닭으로 말하기를 일체 국토에 다 간다 하며
만약 열 가지 몸을 잡는다면 처소마다 부처님이 안 계심이 없기에[175]
그런 까닭으로 말하기를 일체 처소에서 다 본다 하였다.

鈔

謂法性身者는 此初一偈에 上三句는 約四身說遍이요 第四句는 約十身說遍이라 此十身은 正說衆生과 國土等十身故니 則有虛空處는 卽虛空身이요 有國土處는 卽國土身等이니 故無非佛身矣니라

말하자면 법성신이라고 한 것은 이 처음 한 게송에 위에 세 구절은
네 가지 몸[176]을 잡아서 두루함을 설한 것이요
제 네 번째 구절은 열 가지 몸을 잡아서 두루함을 설한 것이다.
이 열 가지 몸이라고 한 것은 바로 중생신과 국토신 등 열 가지
몸을 말한 까닭이니,
곧 허공이 있는 곳은 곧 허공신이요
국토가 있는 곳은 곧 국토신이라 하는 등이니,
그런 까닭으로 부처님의 몸이 아님이 없는 것이다.

---

175 원문에 무처비불無處非佛이라고 한 것은 卽心是佛이요 卽色是佛이요 卽物是佛이요 卽法是佛也니 즉 곧 마음이 이 부처이고 곧 색이 이 부처이고 곧 만물이 이 부처이고 곧 모든 법이 이 부처라는 것이다.

176 원문에 사신四身은 법성신法性身과 자수용신自受用身과 타수용신他受用身과 변화신變化身이다.

疏

次偈는 約機하야 顯身之多일새 故云一切라하니라 及八相事는 皆由物感이라 後偈는 結歎難思니 初句는 總標요 下三句는 顯相이니 二句는 約感不能思니 思惟는 約心이요 見은 通心眼이라 下句는 約應難思하야 云誰能現이리요하니라

다음에 게송은 근기를 잡아 몸이 많은 것을 나타내었기에 그런 까닭으로 말하기를 일체 몸이라 하였다.
그리고 팔상八相의 일[177]을 보인 것은 다 중생이 감동케 함을 인유한 것이다.

뒤에 게송은 사의하기 어려운 것을 맺어 찬탄한 것이니
처음 구절은 한꺼번에 표한 것이요
아래 세 구절은 모습을 나타낸 것이니
처음에 두 구절은 감感하는 중생이 능히 사의할 수 없음을 잡은 것이니,
사유한다고 한 것은 마음을 잡은 것이요 본다고 한 것은 심안心眼에 통하는 것이다.
아래 구절은 응應하는 부처님이 사의하기 어려움을 잡아서 말하기를 누가 능히 나타내겠는가 하였다.

177 원문에 팔상사八相事는 게송偈頌에 성도成道와 전법륜轉法輪 등이다.

經

一切法皆如며　諸佛境亦然하나니
乃至無一法도　如中有生滅하니다

衆生妄分別　是佛是世界나
了達法性者는　無佛無世界니다

如來普現前하사 令衆生信喜케하시나
佛體不可得일새 彼亦無所見하니다

일체법이 다 진여이며
모든 부처님의 경계도 또한 그러하나니
내지 한 법도
진여 가운데는 생기하고 사라짐이 없습니다.

중생은 허망하게
이 부처님과 이 세계를 분별하지만
법성을 요달한 사람은
부처님도 없고 세계도 없습니다.

여래는 널리 앞에 나타나
중생으로 하여금 믿고 기쁘게 하시지만
부처님의 자체는 가히 얻을 수 없기에

저 중생도 또한 볼 바가 없습니다.

疏

次六은 別釋中에 初三은 順釋이요 後三은 反釋이라 今初에 初偈는 釋前誰能現義니 謂現卽同如하야 無生滅故니라 次偈는 釋前誰能思義니 謂起心而思가 是妄分別이니 有依有正거니와 法性之中엔 能所斯寂이라 後偈는 釋前誰能見義니 謂能應隨緣이나 體本自無어니 能感之機가 竟何所見이리요

다음에 여섯 게송은 따로 해석한 가운데[178] 처음에 세 게송은 순리대로 해석한 것이요
뒤에 세 게송은 반대로 해석한 것이다.
지금은 처음으로 처음에 게송은 앞에 누가 능히 나타내겠는가 한 뜻을 해석한 것이니,
말하자면 나타내는 것이 곧 진여와 같아서 생기하고 사라짐이 없는 까닭이다.

다음에 게송은 앞에 누가 능히 사의하겠는가 한 뜻을 해석한 것이니, 말하자면 마음을 일으켜 사의하는 것이 이것이 허망한 분별이니,

178 원문에 별석중別釋中이란, 영인본 화엄 7책, p.433, 末行에 별석체응자재중別釋體應自在中이다. 즉 자체와 응신이 자재함을 따로 해석한 가운데라는 것이다.

의보가 있고 정보가 있거니와 법성 가운데는 능소가 이에 고요한 것이다.

뒤에 게송은 앞에 누가 능히 보겠는가 한 뜻을 해석한 것이니, 말하자면 능히 응하는[179] 부처님이 인연을 따르지만 부처님의 자체[180]는 본래 스스로 없거니, 능히 감感하는 중생이[181] 다시 어찌 볼 바이겠는가.

---

179 원문에 능응能應은 부처님이다.

180 자체란, 부처님의 자체이다.

181 원문에 능감지기能感之機는 중생이다.

經

若能於世間에　遠離一切著하야
無礙心歡喜하면 於法得開悟하리다

神力之所現을　卽此說名佛이나
三世一切時에　求悉無所有하니다

若能如是知하면 心意及諸法의
一切悉知見하야 疾得成如來하리다

만약 능히 세간에
일체 집착을 멀리 떠나
걸림이 없어서 마음이 환희하다면
저 법에 열어 깨달아[182] 들어감을 얻을 것입니다.

위신력으로 나타낸 바를
곧 이것을 설하여 부처님이라 이름하지만
삼세의 일체 시간에
구하여도 다 있는 바가 없습니다.

만약 능히 이와 같이 안다면

182 원문에 개오開悟는 개시오입開示悟入의 뜻이다.

마음과 뜻과 그리고 모든 법의
일체를 다 알고 보아서
빨리 여래를 성취할 것입니다.

疏

後三은 反釋中에 謂由無思見等하야사 方能思等이니 則反顯前有思見等인댄 不了佛境이라 於中初偈는 無思思니 要無著無礙故니라 次偈는 無現現이니 神力之現은 體卽虛故니라 後偈는 無見見이니 躡前無所有하야 爲見이니 則稱實之見은 非唯見佛이라 亦得疾成이라

뒤에 세 게송은 반대로 해석한 가운데 말하자면 사의할 수도 볼 수도 없는 등을 인유하여야 바야흐로 능히 사의할 수 있는 등이니, 곧 앞에 사의하고 본다는 등이 있다면 부처님의 경계를 알 수 없다는 것을 반대로 나타낸 것이다.

이 가운데 처음에 게송은 사의함이 없이 사의하는 것이니,
집착도 없고 걸림도 없음을 요망하는 까닭이다.
다음에 게송은 나타냄이 없이 나타내는 것이니,
위신력으로 나타낸다고 한 것은 자체가 곧 허무한 까닭이다.
뒤에 게송은 봄이 없이 보는 것이니,
앞에 있는 바가 없다[183]고 한 것을 밟아 봄을 삼은 것이니,

곧 진실에 칭합하여 보는 사람은 오직 부처님을 볼 뿐만 아니라 또한 빨리 부처님을 성취할 것이다.

183 원문에 전무소유前無所有라고 한 것은 두 번째 게송에 구실무소유求悉無所有라 한 것이다. 즉 구하여도 다 있는 바가 없다는 것이다.

經

言語中顯示　　一切佛自在하시니
正覺超語言이나 假以語言說하니다

언어 가운데
일체 부처님의 자재하심을 현시하시니
정각은 언어를 초월하였지만
언어로써 설함을 가자하십니다.

疏

三에 一偈는 拂自在之迹者는 上明自在도 尚假言詮이어니와 正覺超言일새 故拂言迹이니 超言亦假일새 應忘契之니라

세 번째 한 게송은 자재한 자취를 떨쳐 보낸다고 한 것은 위[184]에 자재를 밝힌 것도 오히려 말을 가자하였거니와 정각은 말을 초월하였기에 그런 까닭으로 말의 자취를 떨치는 것이니,
말을 초월했다는 것도 또한 거짓이기에 응당 잊어야 계합할 것이다.

184 위란, 영인본 화엄 7책, p.433, 末行에 次六은 별석체응자재別釋體應自在라 한 것이다.

經

爾時에 法幢菩薩이 承佛神力하야 普觀十方하고 而說頌言호대

그때에 법당보살이 부처님의 위신력을 받아 널리 시방을 관찰하고 게송을 설하여 말하기를

疏

第十에 上方菩薩은 知眞實之法하야 普入法界하면 則所修行이 皆無分量일새 故名法幢이요 知法名佛일새 故先讚見佛之益이라

제 열 번째 상방 보살은 진실한 법을 알아서 널리 법계에 들어간다면 곧 수행하는 바가 다 분량이 없기에 그런 까닭으로 법당이라 이름하는 것이요

법을 아는 것을 부처라 이름하기에 그런 까닭으로 먼저 부처님을 친견하는 이익을 찬탄한 것이다.

經

寧可恒具受　　一切世間苦언정
終不遠如來하야 不覩自在力하리다

차라리 가능하다면 항상
일체 세간의 고통을 갖추어 받을지언정
끝내 여래를 멀리하여
자재한 힘을 보지 않으려 아니할 것입니다.

疏

十頌은 雙顯佛法難聞이라 於中分二리니 前四는 讚佛하야 勸人聞見이요 後六은 讚法하야 勸物聞求라 前中初一은 正令甘苦近佛이라

열 게송은 불법의 듣기 어려운 것을 함께 나타낸 것이다.
그 가운데 두 가지로 나누리니
앞에 네 게송은 부처님을 찬탄하여 사람들에게 듣고 보기를 권하는 것이요
뒤에 여섯 게송은 법을 찬탄하여 중생에게 듣고 구하기를 권하는 것이다.
앞의 네 게송 가운데 처음에 한 게송은 바로 하여금 고통을 감수하여 부처님을 친근케 하는 것이다.

經

若有諸衆生에　　未發菩提心이라도
一得聞佛名하면　決定成菩提하리다

若有智慧人이　　一念發道心하면
必成無上尊하리니 愼莫生疑惑이어다

如來自在力은　　無量劫難遇니
若生一念信하면　速登無上道하리다

만약 모든 중생 가운데
아직 보리심을 일으키지 않는 이가 있다 할지라도
한 번 부처님의 이름을 얻어 듣는다면
결정코 보리를 이룰 것입니다.

만약 지혜로운 사람이
한 생각에 도의 마음을 일으킴이 있다면
반드시 더 이상 없는 세존을 이룰 것이니
삼가 의혹을 내지 말 것입니다.

여래의 자재한 힘은
한량없는 세월에도 만나기 어렵나니
만약 한 생각 믿음을 낸다면

더 이상 없는 도를 빨리 증득할 것입니다.

疏

後三은 釋其所以라 略擧三事하니 初偈는 聞名益이요 次偈는 發心益이요 後偈는 生信益이라 旣受苦得聞인댄 成斯勝益거니와 受樂不覩인댄 不免長淪일새 故應甘苦하야 而近佛也니라

뒤에 세 게송은 그 까닭을 해석한 것이다.
간략하게 세 가지 일을 거론하였으니
처음에 게송은 이름을 듣는 이익이요
다음에 게송은 마음을 일으키는 이익이요
뒤에 게송은 믿음을 내는 이익이다.
이미 고통을 감수하여 부처님의 이름을 얻어 들었다면 이에 수승한 이익을 이룰 것이어니와 즐거움만 받아 부처님을 보지 못하였다면 길이 삼도에 빠짐을 면할 수 없기에 그런 까닭으로 응당히 고통을 감수하여 부처님을 친근케 하는 것이다.

經

設於念念中에　　供養無量佛이라도
未知眞實法하면　不名爲供養하리다

若聞如是法하면　諸佛從此生하리니
雖經無量苦라도　不捨菩提行하리다

一聞大智慧와　　諸佛所入法하면
普於法界中에　　成三世導師리다

雖盡未來際토록　遍遊諸佛刹이라도
不求此妙法하면　終不成菩提하리다

衆生無始來로　　生死久流轉하야
不了眞實法일새　諸佛故興世하니다

諸法不可壞며　　亦無能壞者니
自在大光明이　　普示於世間하니다

설사 생각 생각 가운데
한량없는 부처님을 공양할지라도
진실한 법을 알지 못한다면
공양이라고 이름할 수 없습니다.

만약 이와 같은 법을 듣는다면
모든 부처님이 이로 좇아 생기하리니[185]
비록 한량없는 고통을 겪을지라도
보리의 행을 버리지 말아야 할 것입니다.

한 번이라도 큰 지혜와
모든 부처님이 들어가신 바 법을 듣는다면
널리 법계 가운데
삼세의 도사를 이룰 것입니다.

비록 미래의 경계가 다하도록
모든 부처님의 세계에 두루 노닐지라도
이 묘한 법을 구하지 않는다면
끝내 보리를 이루지 못할 것입니다.

중생이 시작도 없는 세상으로부터 오면서
생사에 오래도록 유전하여

---

185 원문에 약문여시법若聞如是法하면 제불종차생諸佛從此生이라고 한 것은 문법聞法의 공덕功德이 위대偉大함을 말하고 있다. 영명연수선사永明延壽禪師는 聞而不信이라도 尙結佛種之因이요 學而不成이라도 猶蓋人天之福이라 하였으니, 즉 듣고 믿지 않을지라도 오히려 불종佛種의 원인을 맺고 배우고 이루지 못할지라도 오히려 인천의 복을 얻는다 하였으니 그 깊은 뜻은 들으면 믿지 않을 수 없고 배우면 이루지 않을 수 없다는 것이다.

진실한 법을 알지 못하기에
모든 부처님이 짐짓 세상에 출흥하셨습니다.

모든 법은 가히 무너뜨릴 수도 없으며
또한 능히 무너뜨릴 사람도 없나니
자재한 큰 광명이
그 뜻을 널리 세간에 시현하셨습니다.

疏

後六中엔 已遇良醫인댄 復須法藥이라 於中初二는 由聞實法하야 能成行法이니 前反後順이라 次二는 由聞理智하야 成於果法이니 前順後反이라 後二는 以感應釋成이니 前偈는 佛興은 由生迷實이요 後偈는 說法하야 示於眞實이라 不動眞際하고 建立諸法인댄 則性不可壞요 不壞假名하고 而說實相인댄 則相不可壞니 斯則天魔外道가 等皆法印일새 故無能壞니라 餘如十藏品하니라 上十菩薩之偈를 應以六相圓融이라

뒤에 여섯 게송 가운데는 이미 어진 의사를 만났다면 다시 법약을 구해야 한다는 것이다.
그 가운데 처음에 두 게송은 진실한 법을 들음을 인유하여 능히 보리의 행법을 이루는 것이니
앞에 게송은 반대로 해석한 것이요

뒤에 게송은 순리대로 해석한 것이다.

다음에 두 게송은 이지理智를 들음을 인유하여 과법을 이루는 것이니
앞에 게송은 순리대로 해석한 것이요
뒤에 게송은 반대로 해석한 것이다.

뒤에 두 게송은 감동케 하는 것과 응하는 것으로써 해석하여 성립한 것이니
앞에 게송은 부처님이 출흥하신 것은 중생이 진실한 법에 미혹함을 인유한 것이요
뒤에 게송은 법을 설하여 진실을 보인 것이다.

진제를 움직이지 않고 모든 법을 건립한다면 곧 자성을 가히 무너뜨릴 수 없을 것이요
거짓 이름을 무너뜨리지 않고 실상을 설한다면 곧 모습을 가히 무너뜨릴 수 없을 것이니,
이것은 곧 천마와 외도가 똑같이 다 법인이기에 그런 까닭으로 능히 무너뜨릴 수 없는 것이다.
나머지는 십장품[186]에서 설한 것과 같다.
위에 열 보살의 게송을 응당 육상으로써 원융하게 할 수 있다.

---

186 십장품十藏品은 第七慧藏中에 說諸法不可壞之文이니, 즉 제칠 혜장 가운데 모든 법은 가히 무너뜨릴 수 없다고 설한 문장이니 등자권騰字卷, 23장, 上에 있다.

鈔

上十菩薩下는 總結이라 言六相者는 一總이니 顯佛德이요 二別이니 則十種德殊요 三同이니 則同明佛德이요 四異니 則十德互望에 不同이요 五成이니 則共成佛德이요 六壞니 則各住自性이라

위에 열 보살이라고 한 아래는 모두 맺는 것이다.
육상이라고 말한 것은 첫 번째는 총상이니,
부처님의 공덕을 나타낸 것이요
두 번째는 별상이니,
곧 열 가지 공덕이 다른 것이요
세 번째는 동상이니,
곧 부처님의 공덕이 같음을 밝힌 것이요
네 번째는 이상이니,
곧 열 가지 공덕이 서로 바라봄에 같지 않는 것이요
다섯 번째는 성상이니,
곧 부처님의 공덕을 함께 이루는 것이요
여섯 번째는 괴상이니,
곧 각각 자성에 머무는 것이다.

疏

所以偈後에 無結通者는 爲顯法界兜率이 讚德異故니 猶彼處處

에 文殊가 偈偈各別은 顯佛德無盡故니라

게송 뒤에 맺어서 통석한 것이 없는[187] 까닭은 법계[188] 궁전과 도솔 궁전이 공덕을 찬탄한 것이 다름을 나타내기 위한 까닭이니[189] 오히려 저 법계 궁전의 곳곳에서 문수가[190] 게송 게송마다 각각 따로 찬탄한 것은 부처님의 공덕이 끝이 없음을 나타낸 까닭이다.

鈔

所以偈後下는 彰無結意라 此後二段이 前二會無어늘 此後例前은 亦是三賢之最後故니라

게송 뒤에 맺어서 통석한 것이 없는 까닭이라고 한 아래는 맺어서[191] 통석한 것이 없는 뜻을 밝힌 것이다.

---

187 원문에 무결통無結通이란, 영인본 화엄 7책, p.390, 末行의 장행문長行文에는 結通이 있으나, 여기 게송에는 없다는 것이다.

188 법계法界란, 第二會 普光法界宮殿中의 광명각품光明覺品에서 문수文殊가 열 번 부처님의 공덕功德을 찬탄한 것을 말한다.

189 원문에 찬덕이고讚德異故는 前法界는 顯佛德無盡也요 此兜率은 顯佛德圓融也라. 즉 앞의 법계궁전은 부처님의 공덕이 끝이 없음을 나타낸 것이고, 여기 도솔궁전은 부처님의 공덕이 원융함을 나타낸 것이다.

190 곳곳에서 문수라고 한 등은 왕자권往字卷 상권 16장 下에 모든 곳에서 문수가 각각 게송으로 찬탄한 것이 같지 않는 것은 이것은 일체 가운데 일체라 하였다.

191 원문에 무결無結이란, 소문에는 무결통이라 하여 通 자가 있다.

차후에 이단二段[192]이 앞의 이회二會에는 없었거늘, 차후에 이단으로 앞의 이회에 비례한 것은 또한 삼현의 최후인 까닭이다.

192 원문에 차후이단此後二段은 대만본엔 一段이라 하나 『유망기遺忘記』에는 게찬사偈讚四 중 第三에 총결總結과 此第四에 창무결통彰無結通이라 하였다. 前二會는 第三會와 第四會이다. 위에 一段이라 하면 第四에 彰無結通이다. 『잡화기』에 말하기를 차후에 이단으로써 앞의 二會에 비례한 까닭이다. 또 반드시 앞의 이회에 비례한 것만은 아니니, 이것은 이 삼현의 최후인 까닭이다 하였다.

청량 징관(清涼 澄觀, 738~839)

중국 화엄종의 제4조.

절강성浙江省 월주越州 산음山陰 사람으로, 속성은 하후夏侯, 자는 대휴大休, 탑호는 묘각妙覺이다.

11세에 출가하여 계율, 삼론, 화엄, 천태, 선 등을 비롯, 내외전을 두루 수학하였다. 40세(777년) 이후 오대산 대화엄사에 머물면서 『화엄경』을 여러 차례 강설하였으며, 이를 토대로 『대방광불화엄경소』 60권, 『대방광불화엄경수소연의초』 90권을 저술하고 강의하였다. 796년에는 반야삼장의 『40권 화엄경』 번역에 참여하였고, 덕종에게 내전에서 화엄의 종지를 펼쳤다. 덕종에게 청량국사淸涼國師, 헌종에게 승통청량국사僧統淸涼國師라는 호를 받는 등 일곱 황제의 국사를 지냈다.

저서로 『화엄경주소華嚴經註疏』, 『화엄경수소연의초華嚴經隨疏演義鈔』, 『화엄경강요華嚴經綱要』, 『화엄경략의華嚴經略義』, 『법계현경法界玄鏡』, 『삼성원융관문三聖圓融觀門』 등 400여 권이 있다.

관허 수진貫虛 守眞

1971년 문성 스님을 은사로 출가, 1974년 수계, 해인사 강원과 금산사 화엄학림을 졸업하고, 운성, 운기 등 당대 강백 열 분에게 10년간 참문수학하였다.

1984년부터 수선안거 10년을 성만하고, 1993년부터 7년간 해인사 강원 강주로 학인들을 지도하였다.

대한불교조계종 교육위원, 역경위원, 교재편찬위원, 중앙종회의원, 범어사 율학승가대학원장 및 율주를 역임하였다.

현재 부산 승학산 해인정사에 주석하면서, 대한불교조계종 고시위원장, 단일계단 계단위원·존증아사리, 동명대학교 석좌교수, 동명대학교 세계선센터 선원장 등의 소임을 맡고 있다.

청량국사화엄경소초 45 - 도솔천궁게찬품

초판 1쇄 인쇄 2024년 7월 30일 | 초판 1쇄 발행 2024년 8월 9일
청량 징관 찬술 | 관허 수진 현토역주 | 펴낸이 김시열
펴낸곳 도서출판 운주사
(02832) 서울시 성북구 동소문로 67-1 성심빌딩 3층
전화 (02) 926-8361 | 팩스 0505-115-8361
ISBN 978-89-5746-834-0 94220
ISBN 978-89-5746-592-9 (총서) 값 20,000원
http://cafe.daum.net/unjubooks 〈다음카페: 도서출판 운주사〉